小学数学
智慧课堂的常态化应用案例与解析

潘光志　著

SPM 南方传媒 | 广东经济出版社
·广州·

图书在版编目（CIP）数据

小学数学智慧课堂的常态化应用案例与解析 / 潘光志著. —广州：广东经济出版社，2025.1. —ISBN 978-7-5454-9409-9

Ⅰ. G623. 502

中国国家版本馆CIP数据核字2024K5D385号

责任编辑：陈　晔　于明慧
责任校对：胡庭达
责任技编：陆俊帆
封面设计：友间文化

小学数学智慧课堂的常态化应用案例与解析
XIAOXUE SHUXUE ZHIHUI KETANG DE CHANGTAIHUA YINGYONG ANLI YU JIEXI

出 版 人：刘卫平
出版发行：广东经济出版社（广州市水荫路11号11～12楼）
印　　刷：珠海市国彩印刷有限公司
（珠海市金湾区红旗镇永安一路国彩工业园）

开　　本：787mm×1092mm　1/16　　**印　　张：**8.75
版　　次：2025年1月第1版　　**印　　次：**2025年1月第1次
书　　号：ISBN 978-7-5454-9409-9　　**字　　数：**185千字
定　　价：69. 00元

发行电话：（020）87393830
广东经济出版社常年法律顾问：胡志海律师

序言

Preface

自2012年新一轮课程改革以来，我有几次机会前往广东省佛山市，去参加小学数学的教学观摩、培训、调研、教研等活动。每次活动陪同我的除了佛山市小学数学教研员钱运涛老师，还有当时的佛山市南海区桂江小学副校长兼教数学的潘光志老师。潘光志老师经常跟我深入交流。我还有幸聆听潘老师应用信息技术上了一节数学课，给我留下了深刻印象。为什么说印象深刻呢？因为这不是一般意义上的、传统的、仅限于教师用多媒体技术手段呈现教学内容的教学模式，而是学生每人一个移动终端，全程深度参与教学过程，真正发挥了信息技术的价值和作用。现在潘老师已经是佛山市南海区怡海第五小学的校长了，但是他仍然坚持不脱离一线，坚守数学教学工作岗位。

潘老师潜心于“互联网＋教育”的研究与实践多年，最让我敬佩的是他真正地把信息技术应用于常态课堂教学之中，而不是因为我来听课，才用信息技术上一节课表演给我看。我去听课时的教学内容和教学方式与潘老师平时常态课的没有什么不同，没有一点表演的成分。潘老师是一个用实力说话的人，他所教班级的数学成绩在学校名列前茅。他这种真诚、务实的性格让我感觉与他非常投缘。后来他每次来北京出差，我们都约时间在一起喝茶聊天，慢慢地，我们成了真诚的朋友。

近日收到潘老师的书稿《小学数学智慧课堂的常态化应用案例与解析》，我非常高兴，因为这本案例集不仅仅是“写”出来的，更是实实在在、一天一天地在常态化课堂上“做”出来的，是为数不多真正把教育数字化、信息化推向深入的一线教师所总结出来的。我最近忙完了手头的急事，就迫不及待地拜读了书稿。这是一本站在教育数字化战略和理念的高度，坚持核心素养导向、信息技术与课堂教学深度融合的小学数学典型案例集。

这本案例集具有一定的实践推广意义，主要体现在以下几个方面：

第一，站位比较高。基于对国家教育数字化战略的贯彻落实、坚持新课程标准关于核心素养的目标导向、构建信息技术与课堂教学深度融合的智慧课堂。师生共同使用云端网络平台、移动终端和交互式一体机等软硬件设备，实现了信息技术与教育的真正融合发展，基本把握了教育数字化的发展方向和教学形态。

第二，智慧课堂常态化。潘老师现在作为校长，仍然坚持从一年级到六年级的“大循环”教学，从一年级开始坚持智慧课堂常态化。学生经过一段时间的信息技术使用的适应期后，很快能够熟练使用相关设备，适应智慧课堂的教学生态，成为爱学习、爱思考的人，进入良性循环的发展轨道。

第三，实现个性化分层教学。这一直是我多年来的主张和愿望，但是在传统的课堂教学上实践难度相当大。根据我对一些特级教师的访谈情况来看，他们在多年的教学实践中确实积累了相关的教学经验，但是都付出了相当多的时间和精力。而智慧课堂基于互联网平台及其他技术设备，实现了时空一体化，在网络平台上，容易实现课前测评及导学，平台自动反馈、推送学生存在的问题，找准大多数学生的最近发展区；在课堂上，多向互动交流和及时全体反馈、评价得以实现（传统课堂上多向互动交流和及时全体反馈、评价是几乎不可能完成的任务）。学生通过飞屏和同屏快速实现资源共享，再通过票选展示最优小组的探究成果，学生相互之间进行深度交流，教师最后进行概括提炼；课堂练习和课后作业实现有针对性的、分层的题目推送，客观题实现平台自动批改反馈，主观题由教师批改后上传，学生及时得到反馈，同时平台会推送不同内容的微课，不同进度的学生可以自主选择不同微课或者拓展练习题，进一步进行解疑及拓展练习，也可以在班级网络空间进行多向互动交流，实现不同程度的拓展和提高（每节课基本内容学习完之后，不同内容的推送保证不同的学生有不同的巩固和拓展空间，不会出现优等生无事可做的情况）。学生的自主学习能力、独立思考能力、合作交流能力、质疑反思能力、抽象能力、推理能力、建立模型能力等数学核心素养不断得到发展。

2024年将进入新教材使用的元年，本书的出版一定会给新一轮的小学数学课程改革注入新的活力！当然，本书的出版不是终点，而是新的起点。我们希望包括潘老师在内的、更多的一线教师继续探索人工智能给教育数字化带来的机遇和挑战，不断完善小学数学智慧课堂，助力教育高质量、高效率发展，为加快建设教育强国作出贡献。

2023年8月于北京

前言

Foreword

教育高质量发展时代对课堂教学品质的提升提出了与时俱进的新要求。《教育部2022年工作要点》提出："实施教育数字化战略行动。强化需求牵引，深化融合、创新赋能、应用驱动，积极发展'互联网+教育'，加快推进教育数字转型和智能升级。"[1]智慧课堂正是智慧教育理念映照课堂的时代产物[2]。智慧课堂能为小学数学课堂教学提供更为广阔的信息交互空间，支撑开展更为精准的个性化学习，推进"教学评"一体化综合评价。小学数学智慧课堂建设，是小学数学教育高质量发展的重要因子。但随着新技术的蓬勃发展和国家在教育信息化方面的加大投入，各所学校的信息化环境正在变得越来越智能化、越来越先进。然而小学数学智慧课堂却仿佛永远停留在"公开课""展示课"的现场，相当一部分的课堂教学仍然存在把交互式一

1　中华人民共和国教育部. 教育部2022年工作要点［EB/OL］.（2022-02-08）. http://www.moe.gov.cn/jyb_xwfb/gzdt_gzdt/202202/t20220208_597666.html.

2　杨鑫，解月光. 智能时代课堂变革图景：智慧课堂及其构建策略［J］. 电化教育研究，2021，42（4）：12-17，52.

体机当作投影仪和电视机、班级电脑中装的软件大部分闲置等状况。

为了探索技术在小学数学课堂中的常态化应用，促进小学数学智慧课堂的进一步纵深发展，本人与团队开展了十多年的相关教学创新探索与实践，形成一批典型案例，也取得点滴经验。本书主要围绕智慧课堂“如何常态化应用”这一核心问题对智慧课堂的教学策略、教学方法、教学设计等实践问题进行了系统的研究和探讨。全书采用“理论分析、策略提炼、典型案例应用”的研究思路进行展开。首先，探讨分析了智慧课堂研究的背景及其内涵；接着提供了智慧课堂建设的顶层设计和行动路径，以及智慧课堂教学模型和教学基本框架；再从差异化教学、教学评价、教学资源建设等三个方面对智慧课堂的实施提出具体的策略；最后对智慧课堂环境下的教学案例进行了描述与分析。从理论、方法到具体实践，希望能为广大教师和管理者提供借鉴，为小学数学智慧课堂建设提供可参考的思路与实践经验。

目录

Contents

03 第三章　案例篇

第一章
CHAPTER

理念篇

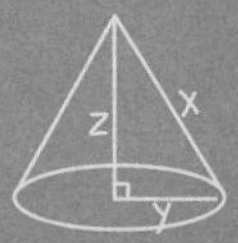

第一节　小学数学智慧课堂建设背景

一、时代呼唤素养导向下的课堂改革

随着人工智能时代的到来，世界各国的竞争逐渐转向科技的竞争与创新型人才的竞争，以经济发展为核心，以绿色可持续性发展为基本理念，以人才培养为支撑的国家发展战略已成为全球大部分国家的共识。“核心素养”正是在这一历史背景下被提出并发展起来的。经济合作与发展组织（OECD）、欧盟、美国21世纪技能联盟等相继提出多个维度的核心素养框架。2014年，教育部颁布的《关于全面深化课程改革落实立德树人根本任务的意见》指出：“研究提出各学段学生发展核心素养体系，明确学生应具备的适应终身发展和社会发展需要的必备品格和关键能力，突出强调个人修养、社会关爱、家国情怀，更加注重自主发展、合作参与、创新实践。”2016年9月，核心素养研究课题组发布《中国学生发展核心素养》，提出中国学生发展核心素养的总体框架及基本内涵，框架内容包含人文底蕴、科学精神、学会学习、健康生活、责任担当和实践创新等六大素养，具体包括人文积淀、国家认同等十八个基本要点。[1]中国学生发展核心素养是我国学生培养目标的共同指向，在各学科课程教学中，落实核心素养的发展与培养，是贯彻和落实立德树人教育根本任务的重要路径。2022年4月，我国颁布义务教育课程方案和课程标准（2022年版），从小学到高中各学段的学科（课程）核心素养得到了完整齐备的阐述，为有效落实中国学生发展核心素养提供了具体的学科教学要求。课堂作为学校教育的主阵地，课堂教学是落实学科（课程）核心素养的主要路径与载体，需要对传统课堂进行深刻的改革，将以往知识导向的课堂向素养导向的课堂转化。

1　核心素养研究课题组. 中国学生发展核心素养［J］. 中国教育学刊，2016（10）：1-3.

二、智慧课堂为课堂改革带来内生动力

课堂改革一直以来都是我国教育改革的核心内容，对课堂教学的价值追求同时也反映了我国基础教育改革追求的目标与愿景。改革开放以来，我国基础教育课堂教学改革经历了从“双基”到“三维”再到“核心素养”目标的历史变迁。这种变迁体现了不同历史阶段对教育的不同要求，同时也体现了课堂教学从“知识导向”到“能力导向”，再到“素养导向”的历史变迁过程。课堂教学的内涵与目标越来越指向以人为本，为人的发展而教，为未来而教。

我国基础教育工作者在几十年的改革进程中，充分结合国内外先进的教育教学理论，先后探索出了多种体现“以生为本”的课堂教学理念和模式，包括绿色课堂、翻转课堂、个性化课堂、生本课堂、高效课堂、美好课堂等等，其中就有学者直接提出智慧课堂的概念，强调课堂应当从知识走向智慧，智慧课堂是智慧生成与发展的课堂[1]。在当前这个时代发展阶段，技术正在以一日千里的速度飞速发展，技术为课堂教学改革赋能的趋势越来越受到人们的关注。

2018年4月，教育部印发的《教育信息化2.0行动计划》特别指出：“以人工智能、大数据和物联网等新兴技术为基础，依托各类智能设备及网络，积极开展智慧教育创新研究和示范，推动新技术支持下教育的模式变革和生态重构。”2019年，中共中央、国务院共同印发的《中国教育现代化 2035》明确提出：“利用现代技术加快推动人才培养模式改革，实现规模化教育与个性化培养的有机结合。”2023年，党的二十大首次将“推进教育数字化”写进报告，强调建设全民终身学习的学习型社会。这也为发展教育信息化、建设智慧课堂指明了前进的方向，并确立了根本准则。人工智能等技术的发展也为智慧课堂的发展提供了进一步的有力支撑。智慧课堂作为信息技术与

1　王天平，闫君子. 智慧课堂的概念诠释与本质属性［J］. 电化教育研究，2019，40（11）：21-27.

学科教学深度融合的课堂新形态[1]，为核心素养导向的课堂改革提供了内生动力。

三、智慧课堂助推小学数学教育高质量发展

数学是研究现实生活中数量关系与空间形式的科学，其具有高度抽象、逻辑严谨和应用广泛的特点。这些学科特征决定了它在培养人的科学精神与理性思维方面的价值。新时代高质量教育体系的建设也对数学学科提出了要更具实践性、更具思维性、更具创造性的价值要求，而教育公平作为高质量教育发展的本质特征之一，也是数学教育，特别是小学数学教育需要达到的基本要求。传统的数学课堂由于受限于一定的时间和空间，只能采用传授为主的授课模式，难以突破以知识和技能为导向的课堂要求，更难以顾及学生的个性化需求，导致综合性学习开展受阻，差异性、精准性教学难以实施，教育公平与人人发展就更加无法落实。

《教育部2022年工作要点》提出："实施教育数字化战略行动。强化需求牵引，深化融合、创新赋能、应用驱动，积极发展'互联网+教育'，加快推进教育数字转型和智能升级。"[2]《义务教育数学课程标准（2022年版）》中提出："重视大数据、人工智能等对数学教学改革的推动作用，改进教学方式，促进学生学习方式转变。"[3]智慧课堂充分体现数学教学与信息技术的深度融合，构筑了创新型智能化、数字化的强交互数学教学空间，大数据强化过程评价、改进结果评价，基于智能化反馈系统为学生提供个性化学习资源，为高质量数学教育提供了切实保障与支持。

综上所述，无论是素养导向的课堂变革的需求、技术赋能课堂改革的

1　余胜泉. 智慧课堂核心是促进深度学习［J］. 小学教学研究，2021（31）：1.

2　中华人民共和国教育部. 教育部2022年工作要点［EB/OL］.（2022-02-08）. http://www. moe.gov.cn/jyb_xwfb/gzdt_gzdt/202202/t20220208_597666.html.

3　中华人民共和国教育部. 义务教育数学课程标准（2022年版）［M］. 北京师范大学出版社，2022.

持续深入，还是高质量小学数学教育的有力支撑，小学数学智慧课堂都将成为未来课堂变革的有形远景。所以建设小学数学智慧课堂是落实数学核心素养、实现素养导向的课堂变革的重要路径。

第二节　小学数学智慧课堂概述

一、小学数学智慧课堂的理论依据

（一）SOLO分类理论

“SOLO”是英文“Structure of the Observed Learning Outcome”的缩写，意为可观察的学习结果的结构。SOLO分类理论根据学习者的认知表现，将学习者的思维结构水平分别划分为五个不同的层级。通过分级，将学习者的认知水平依次由低到高进行排序，分别是无应答表现的前结构，处于浅表学习层次、不能将知识进行关联的单点结构和多点结构，处于深层次学习的关联结构和抽象扩展结构。根据SOLO分类理论，可以更科学地评价学生的学习情况与学习效果，帮助教师采用不同的教学策略引导学生在特定的任务情境中进行学习，推动学生思维结构水平的提升。

（二）建构主义学习理论

建构主义学习理论指出，“教学不应该仅仅满足于使学生获得知识本身，而应该是学生自主探索获取知识，构建个人认知框架的过程”。教学过程应遵从认知规律，把握学习发生机理，学生运用个人社会文化背景，利用相关的学习资源，进行认知的加工和再造，自主构建个人知识框架。在强调以学生为中心的课堂教学中，学生是知识的主动建构者，教师是引导者。小学数学智慧课堂也强调以学生为中心的学习过程，并且在技术支持下，为学生创设更适宜的学习环境，提供更符合其认知规律与水平的学习资源，为学生提供有针对性的帮助，促进学生更加积极地主动探索知识和构建个人认知框架，进而实现知识的迁移。

（三）混合学习理论

混合学习是基于教学信息化过程推动所衍生而来的一种学习方式，旨在充分发挥传统教学和信息化教学的优势[1]。何克抗教授认为，混合式学习将传统教学与在线学习的优势相结合。在教学中，教师是带头人和推动者，学生是活动的实施者及主力军[2]。混合学习将线上学习与线下学习的优势进行结合，对学生的学习效果形成增益。智慧课堂通过网络学习平台将课前在线学习、课堂面授学习与课后在线学习结合起来，使学习内容、学习过程、学习成效形成一定关联，从而提升学习效果。

二、小学数学智慧课堂内涵

目前对智慧课堂的界定主要有两种视角：一种是从教育教学的视角，另一种是从教育技术的视角。还有一些学者结合两种视角进行思考。

从教育教学视角来看，智慧课堂主要关注课堂教学对学生智慧的启迪。有学者指出，在课堂教学中，教师除了帮助学习者习得知识外，更应该致力于对学习者的智慧进行启发。智慧课堂的内涵体现在智慧课堂是聚焦学生智慧发展的课堂，课堂教学的重心不仅是传授知识，更重要的是启迪智慧[3]。钟绍春认为，要对教学活动设计、教学方式、教学策略以及教学内容等教学要素进行重构，帮助学生提高学习能力，促进学生智慧生成，进而全面高效地提高教学效果[4]。

从教育技术视角来看，智慧课堂主要关注如何利用信息技术手段促进教

1 张霞. 初中数学智慧课堂互动特征研究——以十节“一师一优课”为例［D］. 杭州：杭州师范大学，2022：59-65.

2 杨莉娟. 活动理论与建构主义学习观［J］. 教育科学研究，2000（4）：59-65.

3 刘邦奇. 智慧课堂的发展、平台架构与应用设计——从智慧课堂1.0到智慧课堂3.0［J］. 现代教育技术，2019，29（3）：18-24.

4 钟绍春，钟卓，张琢. 如何构建智慧课堂［J］. 电化教育研究，2020，41（10）：15-21，28.

学信息化、智能化[1]。有学者认为，智慧课堂是通过技术启发智慧生成的智能化课堂，具有技术性、文化属性和社会属性[2]。也有学者认为智慧课堂是将信息技术与教学资源相互融合，形成的一种学习空间，是通过提高学生的学习体验实现情景化、个性化教学的课堂[3]。

两种视角虽然侧重点不相同，但实际上是相互关联的，特别是在课堂教学目标以及对手段、环境及组织形式上的思考等方面都有着密切的联系。随着新技术的开发及其在教学中的深度应用，两种视角下的研究不断呈现相互融合的趋势[4]。信息技术支持下的智能化的教学环境，推动着课堂教学从“知识课堂”向“素养课堂”转变；启迪学生智慧发展的教学目标为信息技术在课堂中的应用指明方向。所以有学者指出，在当前以提升核心素养为目标的教学改革背景下，可以通过不同的教学形式和手段突出学习者个体的中心地位，通过“智慧课堂”发挥学生的学习积极性[5]。

数学在形成人的理性思维、科学精神和促进个人智力发展中发挥着不可替代的作用[6]。其中“个人智力发展”主要指抽象能力、逻辑推理能力以及建构模型的能力。或者更一般的，就是指“三会”所表达的核心素养[7]。这也正是发展人的智慧的重要方面。

综上所述，本书将小学数学智慧课堂界定为以学生为中心，通过信息技

1 孙曙辉，刘邦奇，李鑫. 面向智慧课堂的数据挖掘与学习分析框架及应用［J］. 中国电化教育，2018（2）：59-66.

2 王天平，闫君子. 智慧课堂的概念诠释与本质属性［J］. 电化教育研究，2019，40（11）：21-27.

3 蔡宝来. 教育信息化2.0时代的智慧教学：理念、特质及模式［J］. 中国教育学刊，2019（11）：56-61.

4 张霞. 初中数学智慧课堂互动特征研究——以十节“一课一优课”为例［D］. 杭州：杭州师范大学，2022：59-65.

5 顾建芳. 小学智慧课堂的内涵及实践策略［J］. 上海教育科研，2017（10）：65-67，96.

6 中华人民共和国教育部. 义务教育数学课程标准（2022年版）［M］. 北京师范大学出版社，2022.

7 史宁中，曹一鸣.《义务教育数学课程标准（2022年版）》解读［M］. 北京师范大学出版社，2022.

术与教学的有机融合，通过智能教学环境、精准教学策略、多元教学手段，促进学生个性化学习，发展学生数学核心素养，推动小学数学课堂教学目标的达成，培育智慧型人才的一种课堂形态。

三、小学数学智慧课堂特征

小学数学智慧课堂借助信息技术的支持，凸显了学生的主体性与教学的灵活性，使得学生的潜能得以被激发与发现、个性得到发展。其核心特征主要包括以下五个方面。

（一）情境立体性

基于多媒体技术、各类音视频播放软件，以及AR、VR等技术，可以为学生营造更加立体多维的学习环境，特别是真实情境的营造，能充分调动学生学习的积极性。具身学习体验将为学生同时带来感官和思维的双重“刺激”，形成积极的学习体验，激发学习动机。可视化软件可以将抽象的数学概念、原理等进行可视化处理，打通学生视觉通道，帮助处于前运算阶段、具体运算阶段的学生深刻理解相关知识。相关具体策略将在第二章加以阐述。

（二）交互多元性

基于云端网络平台、手持终端、交互式一体机等软硬件设备，课堂上不但师生之间、生生之间可以进行更便捷的互动交流，还可以开展更多维度的人机互动。多元的交互对象与交互形式，突破了教学信息的单一化与单向“流动”，提升了互动的速度与深度，充分体现了教师的主导作用与学生的主体作用，同时让每个学生的学习过程与思考过程得到外显，促进学生知识的建构与评判性思维的形成，加深学生个体对数学知识的领悟。

（三）反馈即时性

基于网络平台与移动终端，在算法支持下，可以对课堂检测进行即时反馈，也可以开展更多形式的互动评价活动。由于反馈形式灵活，师、生均可以作为评价主体。对于教师而言，即时反馈有助于实现动态化、生成性的教学评价，促进“教学评”一体化的达成。

（四）决策精准性

大数据给予教师“显微镜”式的观察力和“望远镜”式的预测力。基于网络平台对学生行为及反馈结果的数据进行收集与分析，能帮助教师及时、准确地掌握学情，包括个性学情与共性学情，也有利于教师进行有针对性的教学决策，为教师实施精准教学与智能干预提供实证支撑，同时还能精准、智能化地向学生推送学习资源或提供辅导，满足学生按需学习的需求，实现学生个性化的发展。

（五）流程“非线性”

教学流程有一定的预设性，与教学实际存在一定差距，因此需要根据实际教学进程调整教学流程。小学数学智慧课堂立足于大数据与智能化环境，使得学生学习的实际进程及思维过程得以显性、及时地呈现，深度的互动交流又使得信息流动不再受时空局限，课堂生成更加丰富。在尊重学科知识逻辑与认知规律的同时，教师可进一步灵活调整教学流程，使其呈现“非线性”特征，落实“以生为本”的教学理念。

第二章

CHAPTER

实践篇

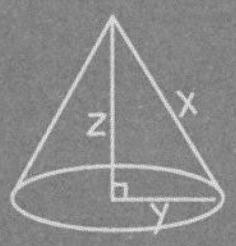

第一节　智慧课堂项目建设

佛山市南海区桂城街道怡海第五小学（以下简称“怡海五小”）是一所以高起点、高标准建设的全日制公办小学。通过对师、生、学校环境等的全面调研，结合国家及区域对学校教育的发展要求，怡海五小确立了“怡然教育”的办学理念和“让每一朵花都怡然绽放”的办学愿景，以及信息化建设和科创教育两大重点工程。怡海五小在信息化与教育融合创新的综合性管理平台的支撑下，通过云计算、大数据、人工智能技术等，构建数据驱动下的智慧学校，促进学校教育的高质量发展。智慧课堂作为智慧学校的重点项目，在建设与实施过程中，遵循创新、协调、绿色、开放、共享五大理念，加强统筹协调、坚持与时俱进，努力打造开放融通的课堂改革氛围，以开放的心态进行共创、共建、共享。

一、项目管理

（一）高度重视，成立以校长为项目主管的领导小组

学校高度重视智慧课堂项目的建设，建校初始，就成立了智慧课堂建设项目领导小组，由校长亲自担任项目主管。下设理论研究组、技术研究组、应用研究组和后勤保障组。理论研究组由校长、学科专家、信息化建设专家等组成，主要开展项目规划与成果提炼等工作。技术研究组由信息技术教师担任负责人，主要进行架构设置、设备设施建设、数据收集与管理等。应用研究组由德育、教学、教研、后勤等部门负责人负责，汇聚各学科、各年级、各部门的优秀教师，主要开展跨学科、跨部门的技术应用研究。后勤保障组主要负责资金、环境、硬件的保障与维护。如图2-1所示。

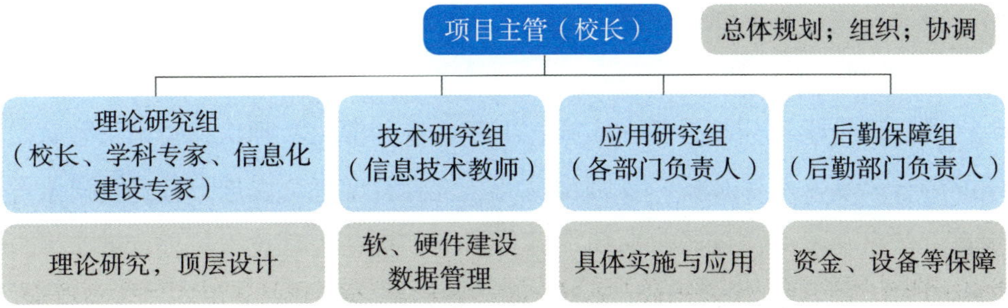

图2-1　智慧课堂建设项目领导小组架构图

（二）科学实施，制定细致完善的项目管理制度

为了保障项目实施的科学、高效，强化对项目的动态管理和过程管理，学校根据项目特点，结合学校实际，制定了细致完善的项目系列管理制度，包括《怡海五小信息安全管理制度》《怡海五小智慧课堂建设资金管理制度》《怡海五小功能场室管理制度》等，进一步明确了部门和人员岗位职责。这一系列管理制度，为强化校园网硬件平台日常维护及保证校园网络畅通提供了制度支撑；使设备的使用效益最大化，为学校网络信息及师生网络安全提供了有效保护。

二、项目目标

（一）基本目标

践行“怡然教育”办学理念，在信息化与教育融合创新的综合性管理平台支撑下，通过云计算、大数据、人工智能技术等的深度应用，构建以素养为导向的智慧课堂，推动学校教育教学改革与数字化转型。

（二）分类目标

1. 学生发展目标

在智慧校园环境中，开展智能环境下的自主、合作、创新的学科学习、拓展性学习与研究性学习。充分尊重学生的主体地位，在大数据驱动下促进学生的个性化学习与发展，贯彻因材施教的原则。激发学生潜能，提升其信息素养与关键能力，落实立德树人的教育根本任务，面向未来，培养健全人格、全面发展、勇于创新的怡然灵创好少年。

2. 教师发展目标

通过理论学习与教育教学实践，不断促进和深化教师信息技术与教育教学的融合创新水平，建设一支师德高尚、教育教学理念先进、教育科研素养优良、信息化水平高的教师队伍，并打造出一批在信息技术与教育教学融合创新方面的专家型名师，在区域内形成一定影响。

三、项目内容

（一）以顶层设计为统领，确保高水平建设智慧校园

1. 确定学校办学理念

通过对师、生、学校环境等的全面调研，结合国家及区域对学校教育的发展要求，怡海五小确立了“怡然教育”的办学理念，并以“让每一朵花都怡然绽放”作为办学愿景。“怡然教育”的内涵为：遵循教育和生命成长的内在规律，尊重学生的主体地位，通过氛围的营造、内容的取舍、方法的创新，让师生在轻松、愉悦的环境下，生发出自主成长的动力，实现“生命自觉”的达成。师生在获得个人发展的同时，将个人主动融入时代和社会，滋养家国情怀，进而在价值引领上追求个人与社会的同频共振。

2. 进行智慧学校建设规划

为践行办学理念，学校采取系统的思维模式，在调研现有案例，了解软、硬件发展状况，并科学分析与项目相关的各项要素及要素的关系后，学校制定了怡海五小智慧学校整体规划：将智慧学校划分为智慧管理、智慧教务、智慧教学、智慧教研和智慧生活五个维度，依托南海区教育云生态，充分利用区级大数据、物联网平台、统一认证的平台资源，以大数据为驱动，从信息化基础、各类应用、数据整合、用户使用四个维度进行建设，建成“145”现代化智慧校园综合治理体系（对于五大应用场景，通过统一平台入口，对管理者、教师、学生和家长等四类用户进行统一管理）（见图2-2），实现校园教育教学、教育科研、行政管理、生活互动等业务全方面

感知化、智能化的精准治理。

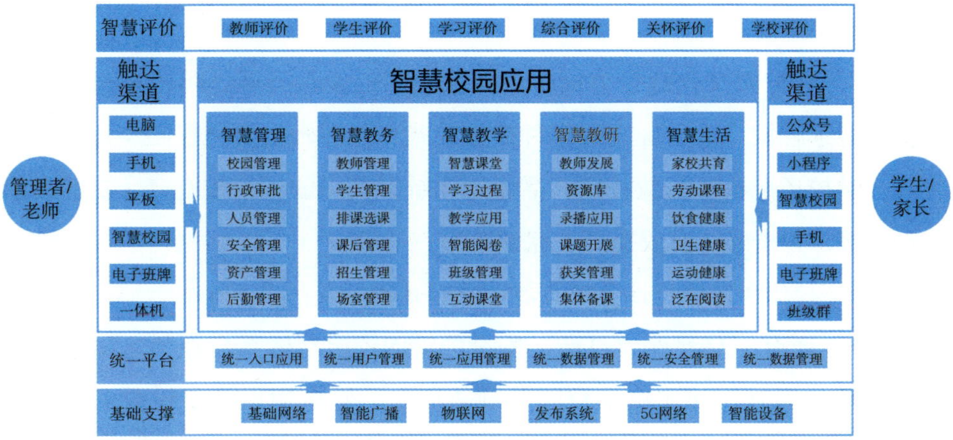

图2-2 “145”现代化智慧校园综合治理体系

（二）“软硬”兼施，多方位推进智慧校园环境建设

1. 开展基础设施项目建设

（1）引入Wi-Fi 6无线网，实现校园网全面覆盖，构建学校高品质无线网络体系。学校配备了三台超融合主机，将云桌面和PC机二合一的方案带入怡海五小，帮助学校摆脱传统电脑模式带来的种种不便，开启了教学云时代。

（2）在校园安全管理方面，所有办公室和功能场室均配备了智能门锁，实现了不同办公室、功能场室智能人脸授权开关及相关数据记录功能。同时，学校安装了8种共400个摄像头，在学校不同区域实现智能防入侵、防拥挤、人脸识别、行为分析等功能。这些摄像头全面覆盖学校各个区域，并能通过手机系统实时联动。在特定区域，若有非指定人员进入，系统会自动报警。通过人脸抓拍摄像机，可以进行人脸图片搜索，形成人脸轨迹，提高管理效率，实现智能安全的校园管理。

（3）在教学管理方面，所有课室都安装了电子班牌，实现各种功能一键分布，同时支持刷脸开门，与蓝牙测温枪配合使用。学校所有班级和功能场室都配备了智慧一体机或纳米黑板，通过硬件和软件提高教学效率。

（4）为开展精细化的教育科研管理，学校配备了精品录播室、移动录播设备和电视台，通过资源制作、资源传输和资源的应用，建成了学校优质的视频资源系统。

（5）在校园文化建设方面，学校安装了二十台云屏，可以通过手机或电脑进行远程操作。云屏拥有多种播放模式，能够轻松做到校园文化宣传和管理。学校还配备了智慧校园广播应用系统，其中的音箱带有蓝牙功能，能自动连接，音质好，有效提高了课堂效率。

2. 进行信息化综合性管理与教学平台建设

（1）建设一套弹性、灵活、安全的SDN校园网体系，在师生畅享智慧校园便利的同时，切实保证校园关键数据、关键应用以及关键业务部门的安全。

（2）将智慧管理、智慧教务、智慧教学、智慧教研、智慧生活五大智慧应用场景融合成一个统一平台，在南海区教育云生态服务平台上，各类用户通过多种途径以同一个账号、不同权限登录，方便用户使用和提高了工作效率（见图2-3）。

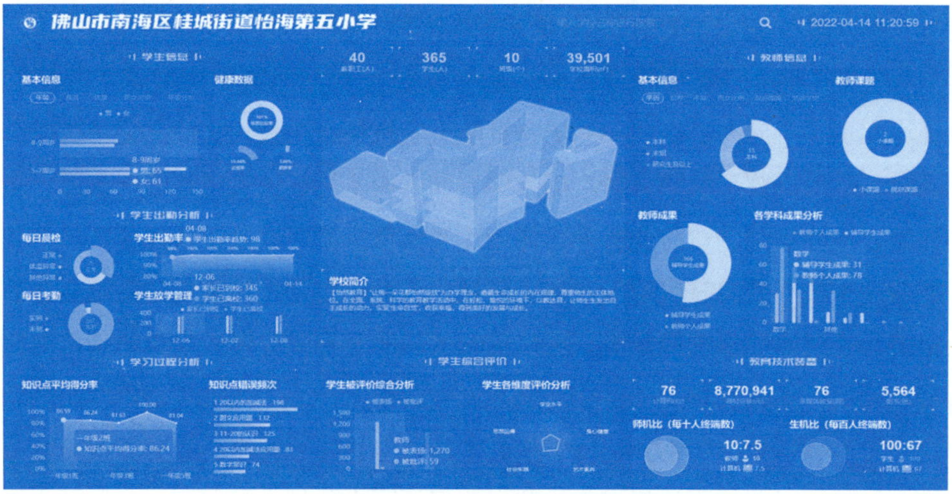

图2-3　智慧校园管理平台应用场景图

（3）多维度开展各类培训，提升教师信息化素养、应用意识。通过项目宣讲、校本培训，以及“走出去”“请进来”等多种形式进行大数据与智慧校园的相关培训，激发教师自主成长的动力。针对不同群体，开展的培训项目与目标也有所不同。对于学校中层管理者，着重提升其自身数字素养，促进其深度认识到技术对于提升教育管理水平的重要性，培养其解读数据、分析数据的能力，促进其积极利用数据实现精准化、智能化的教育管理。对于教师群体，则着重培养其使用技术改善与优化教学的能力，促进其体会应用技术开展课堂教学的重要性。

（三）以智慧学校的大数据挖掘及应用提供智能化教育服务

1. 开展多维度的大数据挖掘、整合性数据管理与可视化数据分析

当大量的数据通过平台汇聚到学校的数据库时，对数据进行多维度、多视角、多层次的分析与挖掘，是应用数据、促进数据资源效能最大化的关键所在。怡海五小通过平台的整合，实现全校数据应用统一入口和所有老师、学生、家长等用户的统一管理；同时，对校园基本信息，以及教师、学生、班级等各类基础信息进行统一管理与配置，并形成学校每日运行情况日报（见图2-4）。汇聚的数据以大屏可视化的方式供学校管理使用，同时也可以在手机端实时查询各类业务报表，使得学校管理者对学校运行情况一目了然。

2. 开展大数据驱动下的规模化因材施教

随着人民群众对教育优质均衡要求的不断提高，学生的个性化培养与全面发展显得越来越重要。这给教师在教学过程中真正做到因材施教提出了更高的要求。学校通过智慧批改平台、智慧阅读平台、智慧课堂平台等的建设与使用，实现了常态化、自动化收集学生学习的过程性数据（见图2-5），通过对这些数据进行科学分析，为教师提供最真实、最全面、最科学的学生画像，并在充分了解学生的学习风格、学业水平、思维发展等各项指标的基础上，更有针对性地为学生提供微课、练习、测试、学习建议等学习资源的精准化、个性化设计与推送，实现规模化的因材施教。

图2-4　怡海五小智慧校园应用数据平台日报系统图例

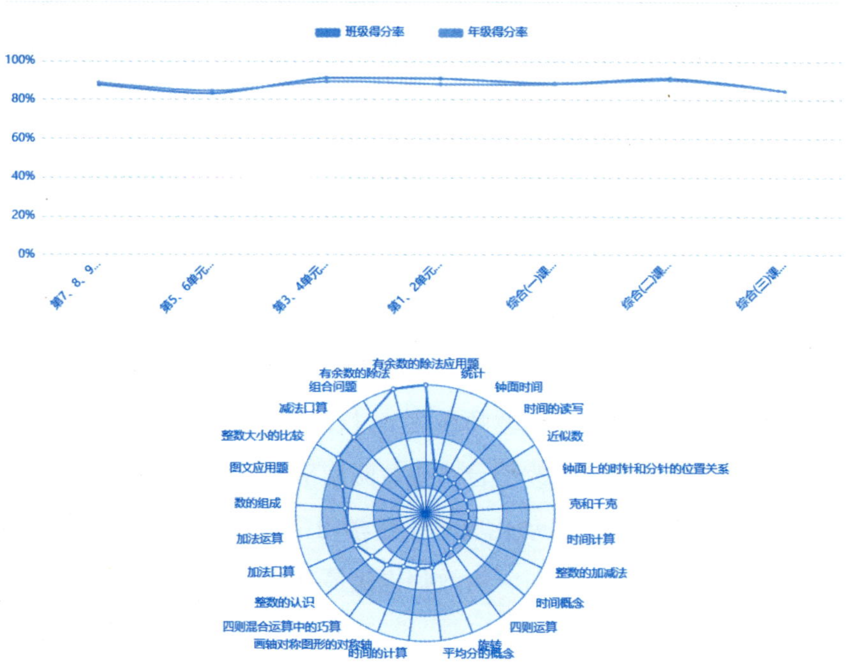

图2-5　怡海五小教学过程性数据图例

3. 开展大数据驱动下的多维度综合性评价

教育教学评价一直以来都是学校教育工作中的难点工作，也是新时代教育改革中的重点工作之一。大数据技术支撑下的教育教学评价可以给学校、老师提供更加多元的数据，学校、老师可以依据不同的评价需求和评价模型对数据进行重组加工，对学生进行多元评价，形成对学生更加全面而科学的评估。学校充分开发智慧课堂、电子教材应用、健康管理、学生行为管理等各种平台，帮助教师分析教学活动、找出教育教学规律，对教师与学生均可实现真正的过程性评价与多元化评价，帮助教师个体和学生个体更全面地认识自己，为其个体的自觉发展与全面健康成长提供依据、奠定基础。从这一点来说，智慧校园建设正好与怡海五小“怡然教育”的办学理念高度吻合。

例如使用“班级优化大师”个性化定制的校本化的平台进行学生行为管理与观测。教师与家长通过各自终端，对学生各方面情况进行记录，开展多元评价，量化学生综合素质评价指标，引导学生和班级的发展与成长。

4. 开展大数据驱动下的精细化教学教研管理

由于大数据整合分析具有高度的及时性与整合性，学校教学管理部门可以进行实时的观察和分析，实现更加高效的教务管理、教学流程管理、教学质量监控等，推进学校教学管理从经验化、粗放化向智能化、精细化转型。学校配备的精品录播室、移动录播设备和电视台，通过资源制作、资源传输和资源的应用，形成学校优质的视频资源系统。基于录播系统可以开展课堂教研、优课录制、技能训练、AI智慧课堂大数据分析等教育科研工作，其中所有教育科研活动所产生的数据不但是教师研究的对象，也是学校的重要教研资源，为学校教育科研工作的可持续性发展提供了支撑。教师与人工智能共同协作，各司其职，科学、高效地实现对教学过程和教学质量全方位的实时、动态追踪以及及时干预，极大地促进了学校整体教学水平的提升，为教师个体教学及学生个性学习提供指导（见图2-6）。

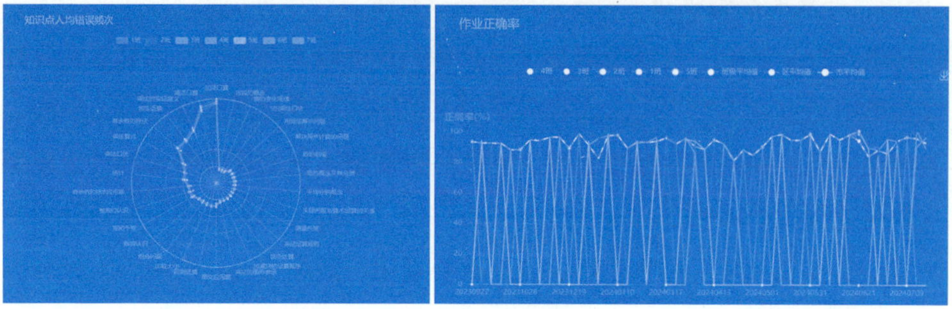

图2-6　怡海五小学情数据图例

5. 开展系统性混合式校本培训

学校依托"怡然教师成长营"，进行校本培训的整体规划，形成系统性强、制度健全、与教师个性特长相匹配的自主发展机制。怡海五小校本培训课程分领域目标见表2-1。我们将教师分为生力军、主力军和先行军三大类别，通过递进式培训、自主学习与实践等方式，从教师发展需求出发，探索出一种充分体现以问题为导向、以需求为中心、以案例为载体、以应用为目的的混合式校本培训新范式（见图2-7），让教师在虚拟与现实两个空间里都能得到鲜活的体验。

表2-1　怡海五小校本培训课程分领域目标

领域	目标
师德修养	保持对教育事业的热情与初心，静心务本，淡泊名利
育人能力	紧跟时代要求，能通过构建轻松、愉悦的班级环境，实施浸润式育人，具有学科育人、全面育人的能力
学科教学	不断更新教学观念，熟练掌握学科知识、教学知识和学科教学知识，具备较好的教学能力与课程设计能力
专业发展	掌握制订规划的方法和技能，并能根据需求不断调整和完善自己的专业发展规划，养成自主专业反思习惯
信息素养	具有收集信息、辨别信息、应用信息的能力，能将信息技术与教育教学有效融合、自觉应用

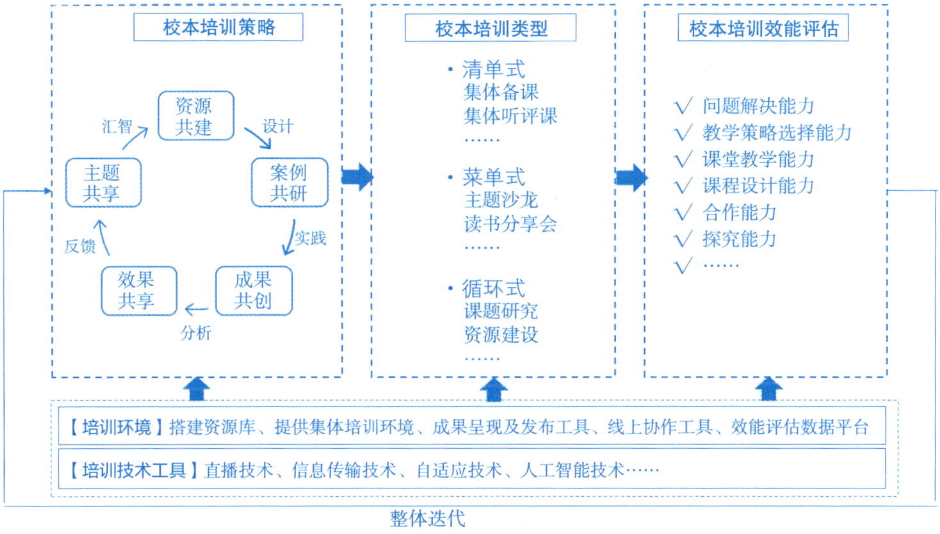

图2-7　怡海五小混合式校本培训新范式

四、项目建设成效

在“怡然教育”办学理念的指引下，学校在智慧课堂建设相关方面获得了丰富的成果。

学校信息化建设项目被评为佛山市“十三五”教育信息化建设成果一等奖，信息化教学成果获佛山市教学改革成果一等奖。两年多来，学校开展的课题研究包括2个省级课题、3个市级课题、7个区级课题和8个街道级课题。学校师生积极参加上级组织的各项教育教学比赛，累计获奖178人次，其中省级奖7人次，市级奖26人次，区级奖40人次。学校教师先后给省内外参观交流团提供“互联网+课堂教学”观摩课共62节次，获得听课领导、同行的一致好评。学校教师在全国各大平台展示教学设计、精品课例共63节。

自学校开办智慧课堂以来，先后多次承办、接待来自国家、省、市、区等区域的活动以及领导、同行进校交流100多场，其中国家级活动3次，省级活动10次，市级活动27次，区级活动21次。期间，学校先后接待了来自教育部教育管理信息中心的调研团队和北师大傅骞教授团队的实地调研，与来自甘肃、广州、清远、韶关、江门等地的教育团队进行了交流学习。笔者也在校内外开展了100多场次智慧校园建设的经验分享会。2021年和2022年，学校劳动特色教育活动和落实“双减”政策教育活动分别在佛山电视台《佛山教育+》、小强热线播出。教育部教育管理信息中心副主任曾德华表示：怡海五小就是未来学校的样板，怡海五小的智慧校园建设为全国信息化带来了非常好的建设经验。

第二节　小学数学智慧课堂教学模型构建

依据SOLO分类理论、建构主义理论、混合学习理论，基于前人的研究成果与团队的实践研究，本书构建了小学数学智慧课堂“三环双辅”教学模型。

一、小学数学智慧课堂教学模型构建原则

（一）以学生为中心

学生是学习的主体，以学生为中心的教育理念本身就是课堂改革的核心理念与基本准则。教师应该转变角色，站在学生的立场看待和处理教学中的问题，将教学者的主要功能从“教”转变为对学生的“助”与“引”，以单向的知识传输转变为多向互动交流，为学生学习的主观能动性创造有利条件。

（二）因材施教

因材施教是孔子教育思想中的重要内容，也是针对学生个体差异性所采取的有效教学策略。教师要根据学生的个体差异，为生生互助学习、人机协作学习创设更加立体、更加丰富的学习空间与学习资源，并针对认知水平和学习风格有差异的学生，提供更精准、更有针对性的教学指导与支持。

（三）体现学科性

由于各学科具有不同的学科特质，因此也各自具有独特的育人价值。数学学科的独特育人价值体现在促进人的科学精神、理性思维与个人的智力发展。在构建小学数学智慧课堂教学模型的过程中，要注重体现数学学科本质，注重渗透学科思想方法与传承数学文化。同时为学生开展抽象、逻辑推理、模型建构创造条件与支撑，促进学生数学核心素养的发展。

二、小学数学智慧课堂教学模型设计

依据上文所述理论和原则，学校以促进学生核心素养发展为目标，形成以“按需学习”为特点的“三环双辅”智慧课堂教学模型（见图2-8），即经过自主探索、个性化问题解决、拓展提升三个教学环节，学生在“教学评价”和“资源供给”双辅助下进行个性化学习和按需学习。

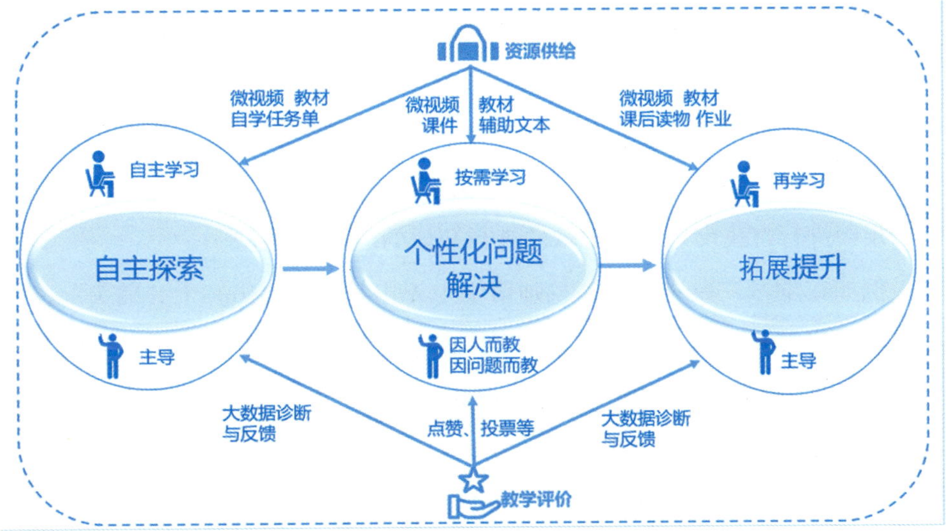

图2-8 “三环双辅”智慧课堂教学模型

三、小学数学智慧课堂教学模型开发

（一）教师的“教”——从知识传授走向引导与点拨

随着互联网的发展，知识的获取比任何时候都要容易，教育的目的不仅仅是知识的传递，更是能力与素养的培养。教师的“教”也要从以往的“一言堂”，转变为活动设计、学习指导与思想方法的点拨。同时，让数字化环境为每位学生的个性化知识建构方式提供支持。

例如在二年级上册“认识时间”一课中，教师设计了“我的一天”的活动。请学生先拍下自己在家一天的主要活动照片，上传到云盘。课堂上，学生们互相打开同学的云盘。根据照片推理出同学各个活动的时间范围或时刻，再与“拍摄者”进行讨论。等学生完成活动后，教师再对时间轴、时段与时刻的异同等进行整理分析，帮助学生提炼解决问题的方法。开放的活动设计满足了不同层次学生的需求，同时又为学生提供了展现个性的机会。

（二）学生的学——从被动接受走向建构与创造

教师的“教”，最终是为学生的学而服务的。网络时代知识的飞速更新与换代，要求学生的学习要从被动接受转向知识的自主建构，进行创造性的学习。在互联网环境中，学生的数学学习逐渐变得更加自主与富有个性化：他们根据需要选择学习资源；根据学习内容进行信息检索与挑选；根据网络学情反馈进行自我反思；借助软件进行知识的理解与创造……

例如在学习“数对”时，教师请学生先用数对描述出一个“猫头”，并在平板上将其画出来。然后通过数对中两个数的变化，变形成“快乐的猫”“生气的猫”等不同形状。数对的概念由此在学生的游戏中得到了自主建构，并得到了创造性的应用。

（三）教学评价——从单一走向多元

数学教学评价的主要目的是全面了解学生数学学习的过程与结果，激励学生学习和改进教师教学。但在传统教学中，评价的方式往往比较单一，很难真正达到其目的。

而在互联网环境下，通过大数据诊断、网络投票、弹幕等多种手段，评价的内容与方式得到丰富，学习、分享与评价融为一体。教学评价能帮助教师更精准地判断学情，帮助学生展现思维，实现学生的个性化发展，确保每位学生的数学思维都能得到发展。

例如在“圆柱的侧面展开图”一课中，教师请学生小组进行作品说明。其他学生可以随时通过移动终端进行点评与提问，并以弹幕的形式即时反映到教师端。有同学提出了疑问，同时就有其他多位同学通过“弹幕”发表自己的见解，扩宽了评价的广度，实现了思维的碰撞。评价成了促进学生深入思考的有效手段与途径。

四、小学数学智慧课堂教学模型实施

教师根据小学数学教学的课型、知识领域等，在基本教学结构的基础上，进行模式的创新与发展。融合应用自主学习、探究学习、混合式学习、合作学习等多种学习方式，形成具有学科特质的教学实施范式。

（一）课前：找准起点，以学定教

课前，针对不同课型与知识，实施课前测评与导学。通过网络平台的自动反馈，帮助学生克服新知学习的障碍，拉近学生的学习起点，提升课堂教学效率。教师也能通过网络平台生成的数据，精准把握学情，找准学生的学习起点，以学定教。

例如在复习课“平面图形的周长与面积复习”中，通过前测数据，教师发现A班学生对于公式与基本图形的掌握比较好，在备课时，就将着力点放到了组合图形的计算及知识结构的形成。而B班学生的数据显示出学生对于公式掌握得还不是太好，教师就增加了公式的回忆与整理训练，减少了变式图形的训练。

在新授课“百分数的认识”课前，教师在网络平台推送了百分数的由来、百分数的意义等微视频，并让学生在讨论区发布自己对于百分数的认识以及疑惑。这些信息为本节课学习目标的提出提供了最真实的依据。

（二）课中：深度交流，个性辅导

知识的生成离不开互动和交流。网络平台的使用，使得课堂中的交流与互动更加多向和立体。课堂知识不再是只由教师进行讲授，而是利用微视频、教师提问、学生回答，还有小组讨论、网络展示小组合作学习成果、阅读教材等多种形式，通过网络平台进行问题推送、回答、反馈与评价等，使得有效知识在老师与学生之间能高效、多元地进行流动。

以“平面图形的周长与面积复习”一课为例，教师请学生先在平板上用思维导图表示出图形之间面积推导的关系，再在小组内进行分享，并推选出组内最优作品，将其推送到大屏幕。全班同学对所有小组作品进行投票，票选出的作品最后再接受全班的提问。这样的形式极大地丰富了课堂教学的层次和增加了课堂教学的深度，提高了学生的参与度。

巩固练习是重要的知识输出方式，是数学知识应用与强化的过程。教师在网络平台发布有层次的练习，学生选择性完成。同时，教师推送帮助解答题目的微视频。当学生对题目毫无头绪、对题目答案摇摆不定或网络反馈解答错误时，他们就可以根据需要选择观看微视频学习，接受精准的个性化辅导。这样也能让教师在更充分地了解学情的同时，节省更多教学时间，为真正需要帮助的学生提供个别指导。在这个过程中，微视频不但成为学生个性化的学习资源，更成为提升教学效益，实施个别化教学的重要支持。

（三）课后：灵活拓展，个性服务

学生通过课后的学习“消化”课堂学习成果，实现个性化的拓展与知识深化。教师根据每个学生课前与课堂学习的情况推送具有针对性的作业或分层作业。学生完成作业后，客观题由网络自动批改，即时反馈给学生。主观题由教师进行批改后，学生也可以在网络平台查询到批改结果，及时进行反思，同时借助教师根据批改结果个别推送的微课进行自学与解疑。学生还可以在班级网络空间进行提问，与教师、同学交流。个性化的服务，使学生得到不同程度的提升与拓展，促进其个性化的发展。与此同时，其自主学习能力、质疑反思能力、建构知识能力、抽象能力等高阶思维和数学学科素养也得到了培养。

五、小学数学智慧课堂教学策略

（一）小学数学智慧课堂差异化教学策略

“差异化教学是教师基于学生的兴趣、特长和才能，尊重学生的个体差异，进行的有针对性的教学活动。”[1]小学数学智慧课堂与传统数学课堂的区别在于：①学生的差异性不但得到了关注，而且成了教学的宝贵资源；②对学生的评估除了有诊断的作用，更重要的是成为教学的导向；③更加关注学生个体的学习偏好；④更加强调施教的灵活性，包括课堂教学的预设与生成；⑤有更多空间发展学生的推理、抽象、评价等高阶思维。对于可塑性极强的小学生来说，差异化教学能激发其自身发展的动力，对于解决学生的数学学业差异，激发学生学习数学的兴趣与信心具有重要意义。

可视化环境的发展包括可视化工具的发展、可视化技术的发展等。在教育行业，可视化环境的发展是教育信息化发展的重要表现之一，在可视化环境下开展教育教学改革，是实现信息技术与教育深度融合的重要途径。小学阶段的学生大部分处于具体运算阶段，认知发展的具体性较强，思维运算需要借助具体事物的支持。所以重视教学过程的形象直观，是小学数学教学的重要原则。在可视化环境中，利用可视化工具或资源进行小学数学教学，将抽象的数学知识转化为生动形象的可视化信息，有助于抽象思维发展不均衡或视觉型学习者开展学习，同时有助于将枯燥的数学学习变为学生积极主动的自我探索，促进学生对于数学知识的接收以及数学思维的形成。可视化环境还可以为教师提供更准确、直观的学情，有利于教师的精准施教及灵活教学；为学生提供更具个性化与不受时空限制的学习资源，有利于学生根据自身情况把控学习过程及自我评估学习效果，提升自学效能与元智能。可视化

1　孟胜君. 小学数学差异化教学探究——以杭州市Q小学五年级为例［D］. 杭州：杭州师范大学，2019.

环境能为差异化教学的实施助力，为学生在数学学习中的均衡发展提供有效支撑。

1. 基于可视化环境实施小学数学差异化教学的教学工具及流程分析

根据差异化教学的目标以及长期任教小学数学的实践经验，在深入研究可视化环境各元素功能与应用的基础上，从微课等可视化教学资源、思维导图等可视化工具、学情数据分析等可视化技术三方面提炼出可视化环境下实施小学数学差异化教学的相关教学工具及作用，如表2-2所示。

表2-2 可视化环境下实施小学数学差异化教学的相关教学工具及作用

	可视化教学资源	可视化工具	可视化技术
	微课、课件等	几何画板、思维导图、概念图等	学情数据分析等
为差异化教学提供的内容	❶ 多样化的学生自学资源。 ❷ 多样化的课堂教学资源。 ❸ 多样化的课后拓展资源	❶ 展示几何图形及其变换。 ❷ 演示数量之间的关系。 ❸ 知识结构图等	❶ 提供直观的差异性学情分析。 ❷ 提供学生个人学业及思维发展情况
在差异化教学中的作用	❶ 为学生提供具有针对性和差异性的学习资源，满足学生学习需求。 ❷ 将抽象的数学知识直观化，降低大脑认知负荷，提升学习效益	❶ 不同程度地提升学生的几何直观与空间观念。 ❷ 帮助学生在不同程度上认识知识的内在联系，建构知识框架，在不同程度上提升其知识应用和迁移能力。 ❸ 直观展示学生差异性的思维过程，帮助教师发现学生发展轨迹	❶ 支持教师进行针对性的精准备课以及课堂干预。 ❷ 支持学生开展数学探究实验，内化数学知识。 ❸ 支持学生自我评价，帮助学生进一步了解自己，提升其元智能

2. 基于可视化环境实施小学数学差异化教学的教学实施策略

教学实施以课前、课中、课后时间轴为基准，本着“教师主导—学生主体”的“双主”教学理念，在可视化环境下，根据学生在学习起点、学习风格、学习习惯等各方面的差异性，组织开展各种形式的学生自主学习，让每位学生都能在数学学习中获得不同层次的发展。

（1）应用可视化工具展示差异性思维起点。

可视化工具作为一种展示认知的图像类工具，可以帮助学生将头脑中碎片化的信息进行汇集、归纳、创新，有助于学生理解知识的内在联系，形成系统的知识体系，增强其知识应用和迁移的能力。指导学生将可视化工具应用于数学学习中，可以很大程度呈现学生的思考过程与知识结构，展示出学生之间的高阶思维发展差异，为了解学情与精准教学提供充分“证据”。

例如在六年级“平面图形的面积”这节复习课中，教师请学生将小学阶段学习过的所有平面图形面积计算公式及推导方法以思维导图的形式加以呈现。如图2-9所示，相对于A图的作者而言，B图的作者知识掌握得更全面，其发散思维更强，创新性更高。所以B图作者的高阶思维水平发展得更高。教师要更加关注A图作者在知识整理、归纳与应用方面的学习，建议给予其更多综合类的问题进行练习。

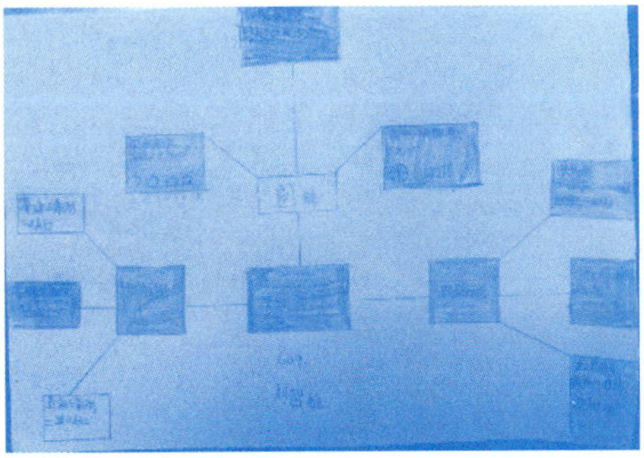

A图

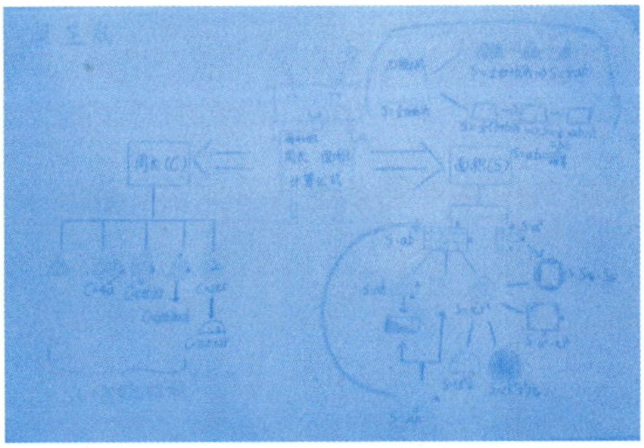

B图

图2-9　两名学生针对平面图形面积画的思维导图

又例如在一年级“图文解决问题（一）”一课中，学生要学习用“大括号”表达“合并”的含义，用此图示来建立加法模型。教师请学生自由选择素材画出表达加法含义的图，学生主要呈现出以下三个思维发展层次，从层次一到层次三，抽象性逐渐增强，如图2-10所示。这种思维发展的差异性又正好成为优质的生成性教学资源，在对这些资源的讨论、质疑等活动中，学生的思维自然得到了发展。

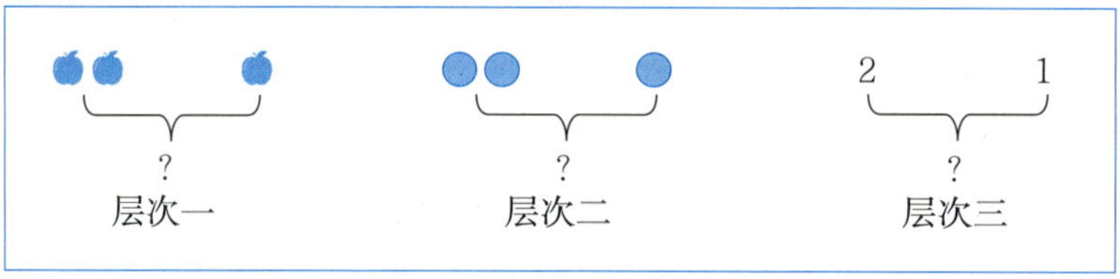

图2-10 学生用大括号表示加法含义的模型图

（2）应用可视化工具提升差异性思维水平。

小学阶段的学生大多数处于具体运算阶段，其思维运算需要具体事物的支持，而且数学学科的抽象性等特点也要求数学教学要重视过程的形象和直观。利用可视化工具，可以将抽象的数学知识转化为图像这种简洁明了的可视化信息，丰富知识的表征，降低知识的难度，提升教学的效率。更重要的是，通过可视化工具的运用，能促进学生对数学知识本质的认识，拓展学生思维的深度与广度，提升学生的数学思维水平。

例如小学三年级“集合”一课，教师先出示如下表格，然后提问：“参加这两项比赛的共有多少人？”

跳绳	杨明	陈东	刘红	李芳	王爱华	马超	丁旭	赵军	徐强
踢毽	刘红	于丽	周晓	杨明	朱小东	李芳	陶伟	卢强	

由于表格内的信息较多，且存在学生重复的情况，学生不能马上就得出答案。这时，教师出示两个不同颜色的空心圆圈以及参加比赛的学生的姓名卡片，请学生用这些学具将表格的信息表达出来，即请学生自主“创造”

韦恩图。学生有以下三种摆法，如图2-11所示。由于本题的条件是有重复元素的两个集合，所以摆法三才是正确的。但摆法一和摆法二也显示出学生的思维差异，其中摆法一比摆法二的抽象水平更高。针对此情况，教师请学生对三种摆法进行投票、评价与质疑，帮助学生建立交集的韦恩图模型。接着，教师又出示并集和包含两种集合关系的韦恩图，请学生尝试根据图意编写条件。这个任务的要求更高，可以促使思维水平较高的学生将抽象的数学概念具体应用到实际问题中，进一步培养这部分学生的数学抽象思维与应用意识。

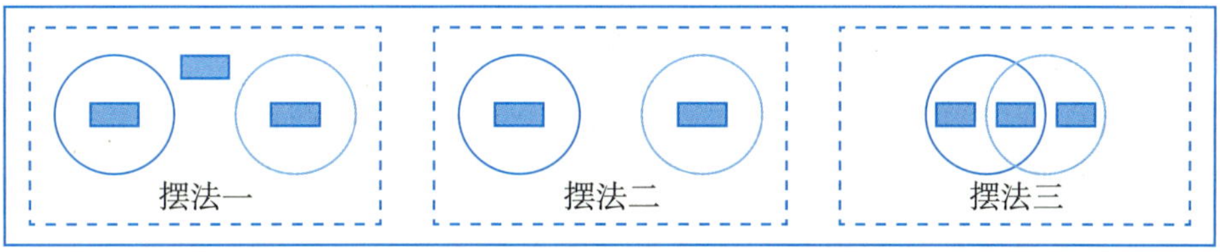

图2-11　学生对韦恩图的三种初始摆法

（3）基于可视化技术开展探究实验，促进知识理解与内化。

数学探究实验是支持学生数学知识构建与知识内化的重要学习内容，基于可视化技术开展探究实验，能促进学生对数学知识本质的认识，不同程度地提升学生对数学知识的理解。

例如在教学三角形三边关系时，由于学具的限制与操作的误差，学生在操作活动中出现了“当两条线段的和等于第三条线段时，也能围成三角形”的错误结论，导致学生对于三角形三边关系产生疑问。部分学生虽然能从“两点间线段最短”的角度正确理解三边关系，但无法说服出现错误的学生群体，学生也为之产生了一场激烈的争论。这时教师利用了数学画板引导学生进行了探究实验。网络画板直观、动态地呈现与演示，帮助学生完成更为深入的数学实验，经历数学原理的发现过程。

基于可视化环境实施小学数学差异化教学，充分利用可视化环境中的可视化教学资源、可视化工具与可视化技术，为每位学生在数学课程学习中的发展提供了有效的帮助，在提升学生学业水平的同时，提高了学生数学学习的兴趣，培养了学生的数学素养。

（二）小学数学智慧课堂教学评价策略

评价的主要目的是全面了解学生数学学习的过程与结果，激励学生学习和改进教师教学。为了实现上述目的，就应建立目标多元、方法多样的评价体系。传统的评价由于其工具的局限性，主要实现的是基于数学知识的评价，主要考查学生对知识点的掌握情况，更多的是对学习结果进行评价。而对学生的能力、思维品质及学习过程，则较难实现全面评价。评价的实效性、全面性等，均受到一定的限制。这在一定程度上阻碍了教师对学生的全面了解、对教学的准确把控，使教师更难根据评价实施精准的教学活动。

在小学数学智慧课堂中，教学资源更加丰富，教师的教学范畴和学生的学习空间不断拓展。智慧课堂高度的互动性与强大的后台数据处理能力，为展现学生学习过程、实现多元评价提供了平台与途径，同时也促进了“人人发展”的课程标准目标的达成。

1. 评价导入，探准学情，激发兴趣

学生学情是教师备课的重要依据，只有了解学情，才能使课堂设计更有针对性。课前对于学情的了解，一般是通过上节课的作业、课堂前测或调查访谈等形式进行，但是以上方法均存在一定的弊端，教师往往受限于时空，无法在课前全面了解学情，更谈不上分析，达不到支撑教学的作用。但是有了网络平台之后，一切就方便多了，为考查学生上节课的知识及本节课的准备知识掌握情况，教师将题目发布到网络平台，学生完成后系统自动批改，学生马上可以得到反馈，对错误进行更正。基于网络平台的课前作业可以实现作业的多样与多元化，教师在课堂上对于优秀作业的展示，也能激发学生的学习兴趣与信心。通过SOLO理论对学生课前知识掌握水平进行评价，令教师能更准确把握学情，找准教学起点，使得教学设计更有针对性，提升教学效率。学生通过课前评测，评价自己的知识水平，能帮助他们更加顺利地进入新知的学习。

2. 学评一体，展现思维，发展个性

导入环节结束后，教师提出本节课的学习任务，同时向学生发布探究任务单，学生在小组中运用各种手段（包括测量、计算、网络搜索等）进行探究、验证，然后将报告单上传到网络平台。教师通过网络平台将全部小组的探究成果进行展示，由学生选择一个小组在教师端进行详细解说。班级其他学生在听同学分享的同时，可以随时通过网络终端进行点评与提问，并以弹幕的形式即时反映到教师端，与全班同学共同讨论。有的学生对同学的发现提出了疑问，同时有其他多位同学发“弹幕”对此疑问发表自己的见解，即时扩宽了评价的广度与信度。

在以上教学过程中，学习、分享与评价融为一体，充分展现了学生的思维过程。所有学生均参与到评价中，以个性化的评价表达自己的观点，同时实现思维的碰撞。个性化的探索方式、个性化的评价方式、个性化的展示形式，促进学生个性化的发展。

3. 大数据诊断，智能推送，精准学习

当新知探索结束后，就进入巩固练习的阶段。传统教学中，学生往往只能完成统一的任务，教师接受反馈也有很大的局限性，无法全面和准确地评估学生的知识掌握程度。小学数学智慧课堂中，教师可以向学生推送多组多层次练习。学生通过“在线作业”功能，接收作业，以“闯关”的模式完成练习。当学生完成A组练习后，系统会马上进行自动批改，将结果反馈给学生。学生在确认自己掌握A组题目后，开始完成B组题目，以此类推。在此过程中，网络平台的自动批改、即时反馈，使学生掌握了自己学习的节奏，使学习过程能被学生自己掌握，真正达成分层教学。

在巩固练习的过程中，学生会遇到错题不会改，或者难题不会做的情况。教师随习题推送辅助微课，针对学生易错题目或有难度的题目进行讲解。学生按自己的需要观看某个有针对性的微课，使得按需学习成为可能。这样不但提高了教学效率，而且使得辅导更加精准、效果更加显著。

最后，教师通过大数据诊断，了解全班学生的答题情况，包括每道题的

正确率、每位学生的答题准确率等，做到对每道题、每位学生都有全面、准确的了解。这也为教师的课后辅导、教学分析，以及下节课的备课提供了科学的依据。

从课前、课中到课后，评价一直贯穿其中，与学习融为一体，可以说评价的过程也是学习的过程。智慧课堂充分展现了学生的思维过程，使教师对学生的学习过程更加清晰，有利于教师对学生的了解和对课堂的准确把握。大数据的精确诊断与微课的精准推送，更是实现了按需学习，促进了学生的个性化发展。技术改进了教学评价，使其不但能为更智能化的教学服务，更能在其过程中培养学生的元智能，尊重学生个性，实现“人人发展”的教学目标。

（三）以学习者为中心的微课资源设计策略

1. 基于学习者个性化需求设计微课内容

微课是小学数学智慧课堂的重要教学资源。内容是微课的核心要素，设计微课首先要考虑的就是微课的受众——学生的需求。由于数学学科的特点，学情存在较大差异，每位学生的需求也不尽相同。所以可以选择学生的疑惑处、易错处和拓展处等内容来设计微课。设计的微课不但要能激发学生学习的动机，更重要的是要能满足学习者个性化的学习需求。

例如“平面图形的周长和面积复习”一课，涉及的知识多，学习时间跨度长，学生对于知识的掌握程度差异明显。如果在课堂中慢慢回忆旧知，不但要花去大量的时间，而且缺乏针对性。但如果不先回忆旧知，学生很难高效地进行知识网络的建构与知识的综合应用学习。针对此情况，教师可以设计与图形面积公式相关的微课群，在课前唤醒学生的回忆，消除学生之间的部分学业水平差异。微课群不但适合进行碎片化的课外学习，也能满足学生个性化的学习需求。

2. 基于学科特质与技术融合设计教学过程

微课适用于各学科的学习，但各学科的微课又应该各具特点。数学是高度抽象的学科，同时具有逻辑严密、广泛应用的特点。小学数学微课的设计不但要考虑数学自身的特点，更重要的是要将信息技术与数学知识的教学相融合，使学生在虚拟空间中经历发现问题、探讨问题与解决问题的过程，使学生在思维能力、情感态度等各方面得到提升。

例如“摆一摆”一课，设计了三个层次的教学步骤，将摆珠子活动进行可视化处理，使思维过程从隐性变为显性，帮助学生体会“位值制”思想，培养学生发现规律、应用规律的能力。在此微课的学习中，学生一边观看微课一边摆珠子，在微课中与教师共同探索规律，经历从具体到抽象、从特殊到一般的过程。在这个过程中，学生解决数学问题的能力、数感及推理能力等都得到了发展与提高。

3. 基于学习心理选择表达形式

相关心理学研究表示，人的视觉通道是最为发达的，其不仅获取信息的效率最高，还可以促进思维加工和信息编码过程的发生。在微课的设计中采用“可视化”的知识表达形式，更符合学生的学习心理，有利于学生的学习。

例如在用数方格的方法推导长方形面积公式时，先从左往右出现方格闪动，同时显示格数，再从上往下出现方格闪动，同时显示格数，最后将最上面和最左边的格子数涂上不同颜色，直观呈现数格子的方法与长方形面积公式“长乘宽”之间的联系。以动画的方式将复杂的图形转化变得直观，能帮助学生更好地理解知识。

4. 基于互动学习需求丰富配套资源

仅仅向学习者提供学习内容并不能真正促进有效学习的发生。要提供丰富的配套资源，设计有效的学习活动，才能实现学生与微课、学生与教师、学生与学生之间的多向互动，才能有效辅助学习活动，帮助学生更好地理解知识，满足学生的有效学习需求，同时也能提高微课的应用效益。特别是课前学习的微课，一般都会配套相关知识延伸、学习任务单等。学习任务单的主要作用是引导学生进行微课学习，包括前测题、微课学习指导及请学生提出自己的疑惑。相关知识延伸的微课，可以帮助学生提升思维，拓展思路。

第三章

CHAPTER

案例篇

第一节　“数与代数”领域案例

一、口算乘法

（一）教学情况分析

1．基本信息			
课名	口算乘法		
学科（教材版本）	数学（2011人教版）	章节	第6单元　多位数乘一位数
课时	第1课时	年级（学期）	三年级（上学期）

2．教材分析

本节课是“多位数乘一位数”的起始课，教材安排了整十、整百、整千数乘一位数和两位数乘一位数（不进位）的口算学习内容。教材编排的情境图，旨在让学生从熟悉和感兴趣的生活情境中发现数学信息，提出能用乘法解决的数学问题。通过小棒图直观呈现算理，然后归纳算法，即把新知转化为表内乘法计算，让学生体会口算乘法的算理和算法。这种数形结合的编排能帮助学生建立新旧知识之间的联系，渗透“转化”思想和类推思想，提升学生的运算能力和思维品质，同时为进一步学习笔算乘法奠定了基础

3．学习者分析

（1）学生已经熟练地掌握了表内乘法和万以内数的组成。

（2）三年级的学生仍处于形象思维占主体思维的阶段，不过经过一、二年级的学习，他们已经具有一定的抽象能力，并且对于点子图的应用较为熟悉。

（3）任教班的学生思维活跃，爱提问、爱思考，小组合作习惯较好

4．学习目标

（1）能熟练进行整十、整百、整千数乘一位数，以及两位数乘一位数（不进位）的口算。

（2）能用点子图解释以上运算的算理。

（3）能根据主题图提出乘法算式，并对其进行分类，感受数学在生活中的应用。

（4）通过点子图等直观手段理解算理，通过自创算式等活动类推得到算法。感悟算法优化与数形结合的数学思维方法与数学思想

（续表）

5. 教学重难点分析及解决措施
教学重点：（1）能熟练口算整十、整百、整千乘一位数，以及两位数乘一位数（不进位）。（2）能理解以上计算的算理，归纳算法。 **教学难点**：通过点子图等对算理进行直观理解，再通过归纳类推形成对算理的抽象理解，最后通过练习实现对算理的程序化理解。 **解决措施**：通过点子图的运用和实践操作，提升学生对算理的直观理解，通过对多种计算方法的理解，沟通算理

（二）教学过程

教学环节1：旧知积累	
环节目标	复习旧知，为学习新知做准备
教学内容	❶ 教师在网络平台发布复习练习： （1）6个十是（　　）。 （2）23里有（　　）个十和（　　）个一。 （3）400里有（　　）个百。 （4）1个十和6个一组成（　　）。 （5）2个十加4个十得（　　）。 （6）每支铅笔3元，买7支铅笔（　　）元。 ❷ 与学生共同点评完成情况
学生活动	❶ 认真完成在线练习。 ❷ 认真聆听，积极思考，大胆质疑
媒体作用及分析	通过网络平台及时反馈数据，帮助教师了解学情，及时调整教学策略
教学环节2：自主探索学习例1	
环节目标	❶ 充分利用课本上的主题图，让学生提出问题并尝试解决问题，一方面培养学生提出问题的意识与解决问题的能力，另一方面将一位数乘多位数乘法进行分类，沟通旧知与新知之间的联系。 ❷ 通过沟通多种计算方法的算理，进行算法归纳，培养学生的抽象思维与类推的数学思想方法，并在其中渗透积的变化规律

（续表）

教学环节2：自主探索学习例1	
教学内容	❶ 教师请学生观察主题图，根据图中信息，让学生提出用乘法解决的问题，并在本子上列出乘法算式。 ❷ 教师指名学生回答，在教师端呈现不同式子，请学生分类。 ❸ 分类包括一位数乘一位数、一位数乘两位数（一位数乘整十数）、两位数乘两位数。教师指出本节课学习内容，板书。 ❹ 教师出示例1：坐过山车每人20元，3人需要多少钱？请学生列式，并尝试计算：20×3=? ❺ 请学生通过画点子图或列式的方法和同桌说一说自己计算的理由。教师拍下学生的作品，并请学生汇报。 ❻ 请学生尝试计算：20×7，200×3，2000×3。然后请学生利用刚才的方法解释算理，归纳算法：整十（百、千）数乘一位数就是用表内乘法的方法，不过要注意零的个数
学生活动	❶ 认真观察主题图，提出问题并列式。 预设：3×5；3×20；3×12…… ❷ 仔细思考，将式子分类。 ❸ 尝试计算20×3。 预设：（1）20+20+20=60；（2）2×3=6，所以20×3=60。 ❹ 认真表达自己的想法，画点子图理解算理，向全班汇报。 ❺ 尝试计算，认真思考、归纳算法
媒体作用及分析	❶ 通过电子平板的拖动等功能，对学生的列式进行分类，即时呈现由学生产生的教学资源。 ❷ 通过电子白板呈现学生在不同的抽象思维水平下对算理的理解
教学环节3：自主探索学习例2	
环节目标	沟通多种算法，理解算理，最终形成最优算法，帮助学生掌握口算乘法的一般方法，提升学生的思维品质
教学内容	❶ 教师出示例2：坐碰碰车每人12元，3人要多少钱？请学生列式，并尝试计算：12×3=？想一想，你是怎么算的？ ❷ 请学生用点子图进行算理探索并汇报，教师展示学生探索结果。 预设：如果出现学生直观计算，则问为什么可以这样算，请学生再进行思考。 ❸ 教师请学生自己出题计算，并与同桌说说自己的算法。 预设：学生如果提出进位乘法，可以让学生进行表述，拓展其计算能力

（续表）

教学环节3：自主探索学习例2	
教学内容	❹ 教师出示部分学生的题目，与学生一同归纳算法：用一位数乘不同数位上的数，再相加（用弧线板书）。 ❺ 共同看书并提出疑问
学生活动	❶ 尝试计算12×3。 预设：（1）12+12+12=36。 （2）10×3=30，2×3=6，30+6=36。 （3）直接计算。 ❷ 用点子图解释算理，向全班汇报。 ❸ 尝试出题计算，认真思考、归纳算法
媒体作用及分析	学生在平板上利用点子图进行算理探索，教师在教师端进行展示，可最大限度地利用学生产生的即时教学资源
教学环节4：拓展提升	
环节目标	❶ 巩固知识。 ❷ 知识延伸。 ❸ 旧知与新知相联系，形成知识网络
教学内容	❶ 教师请学生判断：50×4=? ❷ 教师请学生完成线上分层练习。 A组：课本第58页第2、3题。 B组：计算123×3，17×3。 教师根据网络反馈结果进行针对性讲评。 ❸ 课堂小结：本节课我们学习了整十（百、千）数乘一位数和两位数乘一位数的口算乘法。其实都是用一位数去乘另一个数在不同数位上的数字得积，然后再相加。乘的时候还是用表内乘法的方法。 ❹ 布置作业
学生活动	❶ 通过投票进行判断。 ❷ 查看线上自动批改反馈结果，认真聆听教师讲评。 ❸ 认真聆听、思考
媒体作用及分析	通过大数据反馈学生练习完成情况，提升教学效率，方便教师了解学情，同时培养学生的自主反思能力，提升元智能

（三）案例评析

1. 信息技术的主要应用

（1）运用智能平台开展即时反馈。通过学生的两次练习与测评，教师能迅速收集到更准确的学情，有助于教师“以学定教”，打破“线性”教学的限制。
（2）在移动终端上进行涂画、拖拽，探索算理。学生在个人的移动终端上进行涂画和拖拽，利用教师推送的学具探究算理，直观体现思考过程。
（3）将学生的作品进行随机配对推送，互相评价。利用网络平台将学生的作品进行随机配对，学生之间开展随机的互评，在落实评价的同时，也可以提升学生的参与度，使得每位学生都有机会成为真正的评价主体

2. 应用技术的关键事件

（1）教师给学生提供丰富的虚拟学具，包括小棒、计数器、点子图等，由学生自行选择学具研究和表示计算过程，给予不同层次的学生以探索的空间，完成从具体到抽象的思考过程。
（2）学生在点子图上进行自主操作，操作的过程可以随时修改，同时也在网络上形成记录，教师查看学生的思考过程和结果，有效地了解学生的思考路径，更好地指导学生学习

3. 对技术应用于教学的创新点及效果思考

本节课最重要的核心素养表现是运算能力。运算能力中最重要的是对算理的理解，所以算理的探索是本节课的重点。请学生多元表征算理，是让处在具体运算阶段的学生理解算理的最好方式。但不同学生的抽象思维仍有一定的差异。为了令不同层次的学生都有机会和空间思考，都有自己的发现，教师先请学生在个人移动终端上进行学具的操作。通过操作不同形态的学具，不同思维水平的学生都能理解基于计数单位的计算，能将多位数乘一位数转化为两次乘法和一次加法运算。接着，教师请学生再次在个人移动终端上用刚才探索出的方法在点子图上表示出来。这样不但可以检验学生对算理的理解，而且可以呈现多种算法，为算法的构建打下基础

4. 对技术的教学适用性的思考及对教学改进的建议或意见

点子图在移动终端中的呈现方式仅为一张图片，学生不能对其进行拆开、整合等操作，在一定程度上限制了学生的思维表达

二、倍的认识

（一）教学情况分析

1．基本信息

课名	倍的认识		
学科（教材版本）	数学（2011人教版）	章节	第5单元　倍的认识
课时	第1课时	年级（学期）	三年级（上学期）

2．教材分析

在学习“倍”之前，学生在头脑中建构的关于比较两个数量大小的方法是比较两个数量的多与少，即比较两个数量的差，也就是常说的差比。在比较两个数量关系时除了差比，还可以将一个量确定为标准量，通过判断另一个量里面有多少个标准量，来比较两者的比率关系，即我们常说的倍比。教材注重让学生经历通过比较生活中具体实物数量，来抽象出“倍”的概念的过程，通过联系学生已学的“几个几”来建立“倍”的概念

3．学习者分析

（1）学生对于差比已经有了两年的学习经验，能根据标准量求出较大或较小的数或相差数，并会用“一一对应”的方式来进行相关数量关系的解释。

（2）学生会用乘法计算“几个几是多少”，但此时的学生实质上仍是运用加法模型思考乘法，学生对于乘法模型仍比较模糊。

（3）对任教班级的49名学生进行课前检测；让学生在第一行画圆形，在第二行画三角形；三角形的个数是圆形的2倍。有33名学生画的结果正确，1名学生把两种图形的数量画反，1名学生画的两种图形数量相等，6名学生画成两种图形的数量相差2个，8名学生交了白卷。这说明全班有超过一半的学生对“倍”有一定的认识，但也有小部分学生对“倍”缺乏认识。

（4）三年级的学生仍处于形象思维占主体思维的阶段，具有一定的抽象能力。任教班级的学生思维活跃，爱提问、爱思考，小组合作习惯较好

4．学习目标

（1）在观察、操作、比较等活动中知道“倍”是两个量之间的关系，是两个量比较的结果，能结合图理解“几倍”和“几份”的联系，初步建立“倍”的概念。

（2）在画一画、比一比、圈一圈、说一说等活动中获得“倍”的直观体验，并积累数学活动经验。

（3）经历解决简单实际问题的过程，发展观察、比较、操作、表达、概括的能力，感受数学与生活的联系

（续表）

5. 教学重难点分析及解决措施
教学重点：理解“一个数是另一个数的几倍”的含义，初步建立“倍”的概念。 **教学难点**：初步建立“倍”的模型，理解“倍”的意义。 **解决措施**：根据学情，对课前检测的情况进行分析，让学生在互相的辨析中逐渐明确“倍”的概念。对于“倍”的模型的建立，先帮助学生借助具体数量的图形，在圈一圈、画一画、说一说等活动中形成2倍的概念，然后推广到多倍，再在线段图、面积图等多种表征中明确“倍”的内涵，从而成功突破教学难点

（二）教学过程

教学环节1：引出课题	
环节目标	❶ 复习准备知识，为新知学习扫清障碍。 ❷ 通过欣赏美术作品，让学生感受倍数产生的美
教学内容	❶ 教师出示课前检测题的完成情况，找出其中错误率较高的题目进行点评。 课前检测题：（略） ❷ 教师展示徐悲鸿的《马》、齐白石的《虾》，以及《米洛斯的维纳斯》等作品的图片，让学生感受美术作品中隐藏的数学知识，感受数学的美
学生活动	❶ 认真聆听、思考。 ❷ 认真观赏
媒体作用及分析	通过网络平台展示课前测评反馈的大数据，让教师了解学生对知识的掌握程度，精准备课
教学环节2：自主探索，初探“倍”的概念	
环节目标	❶ 通过直观材料，让学生产生对 2倍的直观认识。 ❷ 通过比一比、圈一圈、改一改、说一说等活动，让学生充分经历“倍”的概念建立过程；通过互相质疑、解答，让学生在语言表征、图形表征等多种表征之间进行转化，建立“倍”的模型
教学内容	❶ 教师展示学生课前画出的一个2倍关系图： “倍”的认识——学习前测 请在第一行画圆形，第二行画三角形，要求三角形的个数是圆形的2倍。 第一行：○○○ 第二行：△△△△△△ 师：圆形与三角形的数量有什么关系？

（续表）

教学环节2：自主探索，初探“倍”的概念	
教学内容	预设：……相差3个，……多3个，……少3个，……2倍。（引出课题） ❷ 师：为什么说是2倍？有什么办法可以让人一下就看出2倍的关系？ 预设：差比用“一一对应”，倍比用圈一圈。（教师和学生同时在黑板上演示） 注意：圈时同时圈出标准量。 ❸ 师：刚才我们把3个圆形看作1份，三角形的个数有这样的2份，也就是有2个3，在数学上，就说三角形的个数是圆形的2倍。（板书：1份、2份、三角形的个数是圆形的2倍） ❹ 教师组织学生对着图形，结合手势说一说。 ❺ 教师继续出示学生课前画的画，并同屏给学生，请学生开展活动。要求： （1）比一比，判断下列画中有没有2倍关系。 （2）圈一圈，表示出图中的倍数关系。 （3）改一改，把不是2倍关系的改成2倍关系。 ❻ 师生讨论、展示、答疑。 师：通过观察刚才的四幅图，我们发现它们的个数都不相同，为什么说三角形的个数都是圆形的2倍呢？（抽象出2倍的模型图） 师：一份代表多少个？可以代表多少个？一份代表的个数越多，它的2倍就越（　　）；1份越少，它的2倍就越（　　）。 ❼ 教师出示两种水果图（变式模型和错误结构），请学生投票判断是不是都是2倍的关系  
学生活动	❶ 认真观察、思考，回答问题。 ❷ 学生之间互相辨析。一名学生上台讲解2倍关系，其他学生进行提问。 ❸ 认真聆听“倍”的概念。 ❹ 与同学互相说一说“倍”的概念。

（续表）

教学环节2：自主探索，初探“倍”的概念	
学生活动	❺ 认真观察，根据“2倍”的概念进行判断，并用平板作答。同桌交流后看教师展示的同学作品，进行质疑与答疑。 ❻ 认真思考各图的相同之处，理解“2倍”的概念。 ❼ 认真观察，仔细判断，聆听讲评
媒体作用及分析	❶ 通过个人移动终端进行作答，作答结果可以达到最大程度的展示，学生之间的交流更加广泛。 ❷ 通过操作一体机实现各图的位置移动，方便进行分类及整理。 ❸ 教师在同屏的状态下进行操作，不但使题目动态化，而且能将每个学生的思维过程进行展现。 ❹ 利用投票的形式进行学习，增强学生学习的兴趣，提高学习参与率
教学环节3：自主探索，理解“若干倍”	
环节目标	通过自由创造“倍”的关系，理解“若干倍”的意义
教学内容	❶ 认识若干倍。 师：刚才我们学习了“2倍”的关系，现在你能画出“3倍”或“多倍”的关系吗？ 请学生先想，然后画一画，最后说一说。 ❷ 想象建模，体会变中有不变。 教师收集学生作品中标准量不变、倍数变化的情况，将其进行投屏，引导学生发现变中有不变的情况。（此处视时间而定） ❸ 请学生阅读课本、提出疑问。 ❹ 请学生完成课本第50页的“做一做”
学生活动	❶ 学生思考一个自己喜欢的倍数关系，并画在纸上，然后和同学说一说：（　　　）是（　　　）的（　　　）倍。 ❷ 认真思考，积极回答，体会“变中有不变”的思想。 ❸ 认真看书，提出疑问，完成习题
媒体作用及分析	教师可以利用学生板书同屏对比，充分利用即时生成的学生资源

（续表）

教学环节4：个性化问题解决，深悟“倍”的内涵	
环节目标	❶ 让学生在不同的情境中找准“倍”的关系，从而体会“几个几就是几倍”的内涵。 ❷ 让学生学会应用概念，并在应用中进一步对概念加以辨别。 ❸ 基于数据，把握学情，进行有针对性的精准教学，帮助学生对知识进行个性化的发展与延伸。 ❹ 帮助学生建立新旧知识之间的联系，构建知识网络
教学内容	❶ 教师在网络平台上布置练习推送给学生。 （1）●●○○○○ ○的个数是●的（　　　）倍。 （2）●●○○○○●●○○○○ ○的个数是●的（　　　）倍。 （3）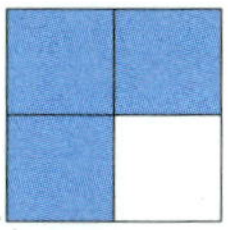 涂色部分是没涂色部分的（　　　）倍。 （4）擦桌子的人数： 扫地的人数： 扫地的人数是擦桌子的（　　　）倍。 ❷ 根据网络反馈的学生情况，教师对错误率高的题进行评讲或变式训练。 ❸ 课堂小结：以前我们在比较两个数“多”和“少”的关系时是这样比较的（板书演示“一一对应”），两个数去掉相同的部分后，剩下的就是“多”或“少”的部分。对于今天研究的“倍”，我们是怎么进行比较的？“倍”和我们以前学习的“多”和“少”一样，都是比出来的，不同的是我们在比较“倍”时要把标准看做一份，再看另一个数有这样的几份
学生活动	❶ 独立完成练习题。 ❷ 认真聆听评讲，改错。 ❸ 认真聆听小结
媒体作用及分析	网络平台自动收集学生错题到云端错题集，并即时统计数据呈现在教师端，供教师教学参考

（续表）

教学环节5：拓展提升	
环节目标	❶ 拓展教材资源，丰富比较活动，让学生初步感知部分与整体的倍数关系。 ❷ 前后呼应，建立数学和绘画的联系，激发学生学习数学的兴趣
教学内容	❶ 教师展示“头身比”等相关知识：不同年龄阶段的人身高和头长的关系是不同的。 ❷ 教师展示名画《蒙娜丽莎》，请学生探寻其中的数学知识。 ❸ 请学生课后观看云盘中的相关拓展视频，并试着画出“八头身”
学生活动	认真观察，仔细聆听，感受数学规律产生的美
媒体作用及分析	云盘中的资源能够拓展学生的学习空间

（三）案例评析

1．信息技术的主要应用
（1）移动终端上图形的克隆与拖拽功能。 教师课前在课件中插入足够数量的图案和形状，然后在课堂上将课件推送给学生，学生就能自由进行有关“倍”的探索，用不同的图案和数量表示自己对“倍”的理解。 （2）网络错题集的功能。 网络平台不但能马上反馈出学生在课堂上完成的练习情况和正确率，而且能将学生的错题收集到个人错题集中，积累学生的个性化学习资源
2．应用技术的关键事件
（1）教师为学生提供了多种表示“2倍”的学具，学生通过选择不同的学具，表达自己对“2倍”这一数量关系的理解。全班学生创作的作品同时成为抽象、归纳、概括“倍”的概念的学习资源。 （2）在概括“倍”的概念时，学生基于课堂上自主生成的大量“倍”的表达方式，想办法用一种统一的图示（即抽象概括）表示“倍”这种数量关系的模型。学生在个人移动终端上进行画一画、圈一圈等活动，从而正确概括“倍”的概念

（续表）

3. 技术应用于教学的创新点及效果思考
本节课最重要的概念是“倍”，“倍”是一种数量关系，倍数关系与相差关系等有着共同的特点，都是由大量的特例概括而成的，而其不同点则在于表达的形式不同。所以，为了培养学生的模型意识，让他们感受到生活中大量的例子都可以用数学模型来表示，以及培养学生用数学的语言（建立模型）来表达现实生活中数量的关系，教师在课堂上给予学生充分的机会，利用多元表征，先枚举“2倍”的关系，进行概括归纳，再进一步推广到多倍的关系。在这个过程中，由于采用了移动终端进行探索，所以每一位学生都形成了不同的表达方式，然后在同屏后进行观察，发现不同表征中的共性，从而顺利形成模型
4. 对技术的教学适用性的思考及对教学改进的建议或意见
如果本节课没有应用技术，学生将较难开展个性化探索，也缺乏大量的学习资源加以利用。所以技术的应用不仅提升了课堂效率，更重要的是为学生开展个性化、独立的学习提供了机会和工具

第二节　“图形与几何”领域案例

一、圆柱的认识（二）

（一）教学情况分析

1. 基本信息			
课名	圆柱的认识（二）		
学科（教材版本）	数学（2011人教版）	章节	第3单元　圆柱与圆锥
课时	第2课时	年级（学期）	六年级（下学期）
2. 教材分析			
圆柱是一种常见的立体图形，它在我们的日常生活中有着广泛的应用。学生在上节课已经初步认识了圆柱的特征，本节课进一步研究圆柱与长方体、正方体最大的不同——曲面（侧面）的特征。学生通过剪一剪、量一量、比一比等实践操作活动，在操作、验证、比较中，发现圆柱侧面展开图与圆柱的关系，实现平面与曲面之间的变换，进一步感受“转化”思想中的“化曲为直”。本节课使学生进一步了解了圆柱的特征，同时，也为学生进一步学习圆柱表面积计算打下基础。通过本节课的学习，学生不但能提高主动研究、探索解决问题方法的能力，而且能更深刻地体会到“转化”思想在解决图形问题中的应用，有利于今后进一步使用这一思想解决圆柱体积、圆锥体积计算等其他问题			

（续表）

3. 学习者分析

- 学习者特征分析
  - 学习习惯
    - 学生动手操作的能力不强，平时较少进行实践活动，只有小部分学生能进行较复杂和精细的操作
    - 学生一般都能独立观察思考，但有部分学生缺乏发现事物特征的能力
  - 心理特征
    - 学生的三维空间观念普遍比较薄弱
    - 学生具有一定的小组合作意识，但仍有部分学生在与他人交流的过程中比较被动
  - 知识结构
    - 学生对圆柱侧面有着丰富的生活体验
    - 学生学习过长方体、正方体等平面立体图形，对于此类知识的学习有一定的方法。但对于圆柱这一类曲面立体图形，估计学生在动手操作方面会有一定的困难
    - 六年级的学生在学习水平上存在较大差距，同一个班级里的学生对于数学知识的理解和掌握存在较大不平衡
    - 学生已经初具处理信息和在网络上自主学习的能力

4. 学习目标

（1）认识到圆柱侧面展开后是一个长方形（或平行四边形）。理解圆柱侧面展开图与圆柱的关系。通过网络搜索、拍照分享、在线作业等活动，提升信息素养。

（2）经历想象、动手操作、测量验证等数学活动过程，培养动手实践能力和空间观念。通过观看视频、实践操作、讨论分享等活动，体会“化曲为直”的“转化”思想。

（3）初步学会从数学的角度提出问题，并能综合运用所学知识与技能解决问题，发展应用意识。通过弹幕、评价表等，初步形成解决问题过程中的评价与反思意识。

（4）通过小组合作，培养与人合作、交流的能力。通过阅读、质疑等活动，感受数学的严谨性及数学结论的确定性

（续表）

5. 教学重难点及解决措施
教学重点：理解圆柱侧面展开图与圆柱的关系，体会“化曲为直”的数学思想。 **教学难点**：从曲面到平面的转化中，发现圆柱侧面展开图与圆柱的关系。 **解决措施**：可以通过测量、比较、搜索网络信息、计算等多种方式来突破这一难点。通过大数据诊断分析、精准推送微课资源，进行个性化学习，实现不同层次学生的发展

（二）教学过程

教学环节1.1：自主探索，复习旧知，引入新课	
环节目标	复习旧知，进行知识的查缺补漏
教学内容	❶ 查看网络诊断结果。 ❷ 评讲在线作业。 ❸ 重点讲解错误率较高的知识点
学生活动	❶ 了解网络诊断结果。 ❷ 听教师讲解
媒体辅助及作用	智慧课堂网络平台能做到即时反馈
教学环节1.2：自主探索，复习旧知，引入新课	
环节目标	感受到圆柱侧面的特殊性，突出本节课知识的重要性与意义
教学内容	提问：同学们回忆一下，圆柱有什么特征？它与长方体、正方体最大的不同在哪里？
学生活动	❶ 回忆旧知：圆柱的特征。 ❷ 思考：圆柱与长方体、正方体最大的不同在于其侧面是一个曲面
教学环节1.3：自主探索，复习旧知，引入新课	
环节目标	创设情景，让学生感受生活与数学的紧密联系，并从生活中提出数学问题
教学内容	❶ 播放课件。 ❷ 提问：这些工艺品是什么做的？怎样做的？ ❸ 提问：如果老师想做一个这样的工艺品，要准备多大的包装纸？ ❹ 出示课题

（续表）

教学环节1.3：自主探索，复习旧知，引入新课	
学生活动	❶ 观看课件。 ❷ 回答问题，从解决问题的方法中得出将圆柱侧面展开的答案。 ❸ 了解并明确所要学的知识
媒体辅助及作用	PPT展示多媒体资源，激发兴趣
教学环节2.1：个性化问题解决	
环节目标	从旧知引发新知联想，加强新旧知识之间的联系，初步感知三维到二维的空间变化
教学内容	播放视频
学生活动	观看视频
媒体辅助及作用	播放长方体、正方体侧面展开动画视频
教学环节2.2：个性化问题解决	
环节目标	通过自主探索，完成由曲面到平面的转化，培养将三维图形转换为二维图形的空间想象能力与空间观念
教学内容	❶ 引发猜想：圆柱的侧面展开图形状是怎样的呢？ ❷ 安排操作：剪纸筒芯。 ❸ 组织展示：张贴剪开的纸筒芯，并观察它们的形状（验证学生的猜想）
学生活动	❶ 认真猜想。 ❷ 按自己的猜想自由操作，得出侧面展开图的三种形状。 ❸ 展示、张贴剪开的纸筒芯，并观察它们的形状
媒体辅助及作用	用智慧课堂网络平台展示学生作品，引发互动
教学环节2.3：个性化问题解决	
环节目标	通过剪切、拼接等活动，再次感受“转化”思想
教学内容	❶ 引导学生观察，归纳总结，得出结论。 ❷ 选择重点研究对象（最规则的图形——长方形）
学生活动	❶ 观察不同的侧面展开图，发现其可以转化为长方形，归纳总结。 ❷ 确定观察对象
媒体辅助及作用	用智慧课堂网络平台展示学生作品，引发互动

（续表）

教学环节2.4：个性化问题解决	
环节目标	从不同途径进行探究，丰富学生数学活动经验的同时，培养学生运用所学知识与技能解决问题的能力
教学内容	❶ 探究问题：展开的长方形的长、宽与圆柱有什么关系？ ❷ 组织学生小组测量、计算、交流讨论。 ❸ 指导学生填写探究表格。 ❹ 引导学生将小组探究结果拍照上传至平台
学生活动	❶ 思考探究问题，开展小组探究活动。 ❷ 小组成员分工：测量、记录数据、计算。各成员相互讨论、寻求关系规律。 ❸ 完成探究表格的数据计算及录入。 ❹ 拍照上传
媒体辅助及作用	用智慧课堂网络平台展示学生作品，引发互动
教学环节2.5：个性化问题解决	
环节目标	通过操作活动，让学生亲历知识产生的过程，加深理解。先让学生猜测，再引导学生验证，突出探索发现、逻辑思辨的过程
教学内容	❶ 抽取学生的探究结果进行展示，并让小组代表进行汇报。 ❷ 汇总各小组探究结果，比对各组数据值（侧面展开图的长、宽，圆柱的周长、高）。 ❸ 引导学生总结归纳侧面展开图与圆柱的关系
学生活动	❶ 小组代表汇报探究成果。 ❷ 认真比对数据，探清规律。 ❸ 总结归纳侧面展开图与圆柱的关系
媒体辅助及作用	PPT展示探究结果，学生在教师端直接进行讲解和汇报
教学环节2.6：个性化问题解决	
环节目标	培养学生自学和理解文字的能力，培养他们的科学精神
教学内容	❶ 引导学生阅读课本第19页（在电子白板上补充“沿着高”字样）。 ❷ 帮助学生探寻书本结论
学生活动	❶ 阅读课本第19页，用铅笔画出概念及关键字句。 ❷ 对课本进行质疑

（续表）

教学环节2.7：个性化问题解决	
环节目标	❶ 培养学生从不同角度思考问题的习惯，避免学生形成思维定式。 ❷ 进一步感受“转化”的数学思想
教学内容	❶ 提问：另两种展开的图形与圆柱的关系，还需研究吗？为什么？ ❷ 引导学生比较三种侧面展开图的相同点与不同点，指名作答
学生活动	❶ 认真观察。 ❷ 回答问题
媒体辅助及作用	网络画板提供的动画能让学生直观感受图形间的关联
教学环节3.1：拓展提升	
环节目标	巩固新知，并通过简单计算加强认识，为后面学习圆柱的表面积计算做准备
教学内容	引导和协助学生完成基础训练，并订正答案
学生活动	完成课本相关训练
教学环节3.2：拓展提升	
环节目标	通过画草图，对“高是底面直径三倍多”形成表象认识，培养学生的空间观念
教学内容	❶ 引导学生完成练习。 ❷ 选择部分学生的答案在网络平台进行展示，引导全班学生采用弹幕等方式进行即时评价、反馈
学生活动	❶ 完成练习。 ❷ 在网络平台进行评价、反馈、质疑。 ❸ 展示练习成果的学生进行答疑
媒体辅助及作用	网络平台即时推送帮助微视频，帮助学生理解动态变化
教学环节3.3：拓展提升	
环节目标	通过测评，进行本节课重点知识与技能的查缺补漏。利用网络平台，实现精准辅导与不同层次的发展
教学内容	❶ 引导学生在网络平台完成测评。 ❷ 查看大数据诊断结果，有针对性地进行个别辅导

（续表）

教学环节3.3：拓展提升	
学生活动	❶ 按自己的水平完成不同层次的测评题。 ❷ 查看网络自动批改的结果，纠正错题。 ❸ 对有疑问的题目，查看教师推送的对应微课资源，进行个体学习，或寻求教师帮助
媒体辅助及作用	网络平台即时反馈练习正误，并提供相应资源供学生自主学习
教学环节4：课堂小结	
环节目标	提升学生对“转化”这一数学思想的领悟，帮助学生理解其应用
教学内容	❶ 引导学生总结归纳自己的学习收获。 ❷ 展示直线变曲线、平面变曲面的过程动画，揭示本节课最重要的“转化”数学思想，并展示其在过去与未来知识学习中的应用
学生活动	❶ 讲述自己的学习收获，聆听他人的收获。 ❷ 观看动画，体会“转化”思想
媒体辅助及作用	用网络平台展示图形变化情况，减轻学生认知负荷
教学环节5：布置作业	
环节目标	让学生应用新知解决生活中的问题，进一步感受数学与生活的联系，增强解决问题的能力
教学内容	❶ 引导学生解决课前抛出的问题：你会如何测量课上展示的不同工艺品侧面包装纸的大小? ❷ 布置项目课程作业：做一个环保笔架
学生活动	❶ 认真思考并提出自己的想法（以后不用再剪开，只用测量底面直径与高即可）。 ❷ 认真完成课后作业

【附件1】

课堂前测

一、选择题

1. 一个圆柱有（　　）面。

A.1个　　B.2个　　C.3个

2. 一个圆柱有（　　）高。

A.1条　　B.2条　　C.无数条

3. 一个圆的半径是2厘米，它的周长约是（　　）厘米。

A.6.28　　B.12.56　　C.3.14

4. 一个圆的直径是2厘米，它的周长约是（　　）厘米。

A.3.14　　B.6.28　　C.12.56

5. 一个长方形的长为3.14厘米，宽为2厘米，它的面积是（　　）平方厘米。

A.6.28　　B.12.56　　C.3.14

二、判断题

1. 啤酒瓶是圆柱体。（　　）

2. 同一个圆柱底面之间的距离处处相等。（　　）

3. 从圆锥的顶点到底面任意一点的连线叫作圆锥的高。（　　）

4. 上下两个底面相同的物体一定是圆柱体。（　　）

【附件2】

课堂分层在线测评

A层

1．一个圆柱的侧面展开后得到一个长方形。该长方形的长是12.56厘米，宽是3厘米。这个圆柱的底面周长是（　　）厘米，底面直径是（　　）厘米，高是（　　）厘米。

2．圆柱的侧面是一个（　　）面，把它展开得到一个长方形，该长方形的长等于圆柱的（　　），宽等于圆柱的（　　）。当圆柱的底面周长和高相等时，把它的侧面展开会得到一个（　　）形。

3．判断：圆柱的侧面沿着高展开后会得到一个长方形或者正方形。（　　）

B层

1．一个圆柱的侧面展开正好是一个正方形，它的高是直径的（　　）倍。

2．判断：一个圆柱，其底面周长是12.56厘米，高是12.56厘米。这个圆柱的侧面沿着高展开，得到一个正方形。（　　）

3．选择：一个圆柱的侧面展开正好是一个正方形，这个圆柱的底面直径与高的比是（　　）。

A．1：π　　B.π：1　　C.1：2π　　D.2π：1

C层

用一张长6.28cm，宽3.14cm的长方形纸片围成一个圆柱，这个圆柱的底面积是多少？

（三）案例评析

（1）充分体现了数学与生活的联系。以做工艺品的实际问题为线索，学生通过学习，最终用所学数学知识解决了此问题，并在课后对其进行了实际应用。这使学生体会到了数学与实际生活的联系，培养了解决问题的能力，增强了学习数学的兴趣和应用数学知识的意识。
（2）在本节课中，学生有充分自主探索的机会。教师在课堂上开展了大量合作型的探究性活动，让学生在观察、实验、讨论、交流、合作学习中理解新知识，使所有学生都能获得成就感，树立自信心，同时丰富学生的数学活动经验，提高其动手实践能力，培养他们的科学精神。
（3）智慧课堂网络平台的大数据诊断功能在本节课中起到了重要的作用。在课前，教师利用网络平台进行准备知识的学情诊断，从而进行精准备课。课堂上，教师也能根据平台反馈，及时调整教学节奏与内容，使课堂教学变得灵动。在课堂测评环节，大数据诊断功能帮助学生与教师更加了解学习情况，学生根据自己的实际情况自行观看对应知识点或题目的帮助微课，按需接受辅导。这也使得个性化学习成为现实，使得每位学生都得到发展。
（4）本节课还利用智慧课堂的投屏、弹幕、分组抢答等功能，加强了课堂的互动性，使得生生互动、师生互动更加频繁，且参与面更广，参与度更深，也使得评价的内容及形式更加丰富，增强了评价的即时性与参与度，进一步培养了学生的反思与质疑意识

二、长方形、正方形面积的计算

（一）教学情况分析

1．基本信息			
课名	长方形、正方形面积的计算		
学科（教材版本）	数学（2011人教版）	章节	第5单元　面积
课时	第3课时	年级（学期）	三年级（下学期）

（续表）

2. 教材分析

（1）教学单元视角：

从学习长度到学习面积，是小学生空间形式认识发展上的一次飞跃。这种飞跃一方面表现为“度量对象”由一维空间的长度转变为二维空间的面积，相应的“度量单位”由“长度单位”变为“面积单位”；另一方面表现为度量过程与方法的进一步拓展，从直接测量到间接测量。本单元的内容，有利于学生发展空间观念，提高解决简单实际问题的能力，还能为以后学习其他平面图形的面积和立体图形的相关知识打下基础。

（2）教材编排：

呈现用画格子或用面积单位测量长方形面积的活动，同时展示两种计数面积单位个数的方法。

安排了用面积单位拼摆多个长方形的活动，并用表格记录长、宽和面积。通过数据对比，发现面积单位的个数与长、宽之间的关系。

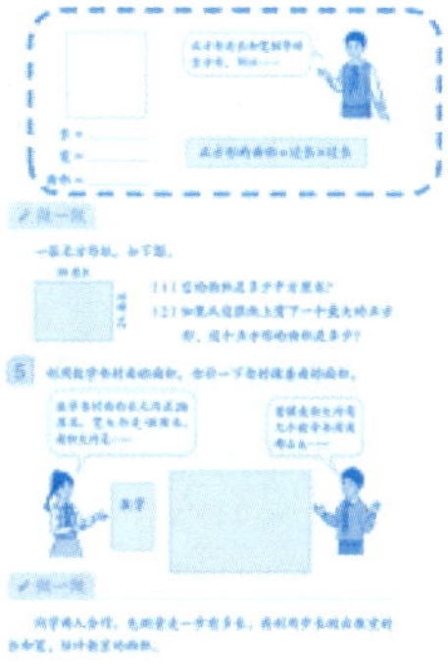

通过推理，得出正方形面积公式。

3. 学习者分析

逻辑起点：三年级的学生处于具体形象思维转向抽象思维的过渡期，具备一定的观察和动手操作能力。学生已掌握面积的概念、常用的面积单位，以及长方形和正方形的特征。

真实起点：学生积累了用度量工具进行测量的活动经验，但对理解“测量出长和宽的长度，将二者相乘之后就是面积”存在困难

4. 教学目标

（1）让学生在具体的情境中，探索并掌握长方形、正方形的面积计算公式，学会正确计算长方形、正方形的面积，发展量感，学会用数学的眼光观察现实世界。

（2）帮助学生探究长方形、正方形面积计算公式的推导过程，从度量到计算，通过不同方式来研究长方形、正方形面积计算方法，培养学生的推理意识，让其学会用数学的思维思考现实世界。

（3）让学生在实践中体会学习数学的乐趣，在自主探究、合作中体会成功的喜悦。培养学生的应用意识，让他们学会用数学的语言表达现实世界

（续表）

5．教学重难点及解决措施
教学重点：掌握长方形和正方形面积计算原理和方法。 **教学难点**：理解长、宽与面积单位个数之间的联系。 **解决措施**： （1）调用经验，有效发展。根据布鲁姆认知模型，注重关联已有知识和生活经验进行教学，通过构造学生亲身经历的情境，提出真实问题，把握知识的“生长点”。 （2）通过思维可视化帮助学生理解抽象概念，发展学生量感。要让三年级的学生真正理解面积公式并非易事。在教学中，要给学生提供思维支架，通过学习路径的思维可视化降低学生的认知负荷。本节课呈现铺满、只铺一行一列、量长度等探究方法。通过板书、网络画板等方式将学生的思维可视化，不断地引导学生认识到长、宽与面积单位个数之间的联系，体会到数的意义不同，但数值的大小是一致的

（二）教学过程

教学环节1：自主探索，预习导航

教学内容

［情境引入］

❶ 最近，我校在举行种春·护春劳动基地种植活动，同学们，你们都参加了吗？每个班分一块地，301班和302班的同学都认为对方的地比较大。他们实际上是在讨论什么问题？

❷ 今天我们一起来研究长方形和正方形面积的计算。

［组内交流“预习导航”］

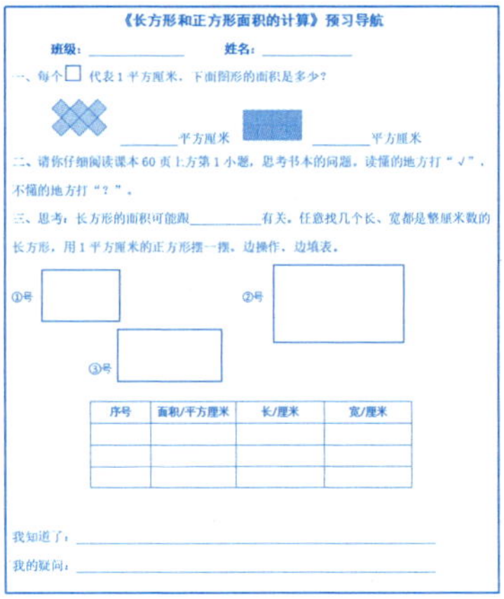

《长方形和正方形面积的计算》预习导航

班级：________ 姓名：________

一、每个□代表1平方厘米，下面图形的面积是多少？

________平方厘米　________平方厘米

二、请你仔细阅读课本60页上方第1小题，思考书本的问题，读懂的地方打“√”，不懂的地方打“？”。

三、思考：长方形的面积可能跟________有关。任意找几个长、宽都是整厘米数的长方形，用1平方厘米的正方形摆一摆，边操作，边填表。

①号　②号　③号

序号	面积/平方厘米	长/厘米	宽/厘米

我知道了：________

我的疑问：________

（续表）

<table>
<tr><th colspan="2">教学环节1：自主探索，预习导航</th></tr>
<tr><td>教学内容</td><td>小组合作要求：
·小组内核对第一题的答案，更正错误。
·打开课本分享自己看懂了什么。
·交流不懂的问题。

［汇报第一题］
提问：你怎么知道它们的面积是多少呢？
小结：是的，有几个1平方厘米的小正方形，面积就是几平方厘米。

［汇报第二题］
提问：对于这个长方形的面积，课本介绍了2种摆法，有什么不同？
追问：没铺满也能知道有多少个小正方形吗？
追问：这2种摆法有什么相同点呢？
小结：无论是哪种摆法，求面积都是求能铺满多少个小正方形，可以数，也可以乘。
追问：用哪种方法更简洁？在乘法中，5和3分别表示什么？15又表示什么呢？（板书：15个正方形=每行5个×3行）
提问：（指着屏幕）这个问题解决了吗？我们接着往下看，第三题就是解决这个疑问的，谁来分享你们小组的思考。

［汇报第三题］
提问：请你指着图形和大家说一说，你是怎么知道能铺满多少个小正方形的呢？
追问：每行摆了几个，摆了这样的几行？一共有多少个小正方形？完整地说一说。
追问：面积是多少？长和宽是多少？（记录在黑板上）还有什么疑问吗？为什么长是3厘米呢？宽呢？

［继续汇报接下来两个图形］（记录在黑板上）
我们都知道有几个1平方厘米的小正方形，面积就是几平方厘米，那么小正方形个数的计算方法就是：每行个数×行数=一共有几个小正方形。（板书）
请大家选一个图形和同桌说一说，面积是怎么求的。
刚才我们用乘法求出小正方形的个数，那这两个数相乘跟长乘宽有什么关系呢</td></tr>
</table>

（续表）

教学环节1：自主探索，预习导航	
学生活动	［情境引入预设］面积问题。 ［第一题预设］有8个1平方厘米的小正方形，所以面积是8平方厘米。 ［第二题预设］小女孩的方法是全部铺满了，一共铺了15个小正方形；小男孩的方法是只铺了一行和一列，每行是5个，每列是3个，所以是5×3=15（个）小正方形。 ［第三题预设］我是这样摆的，每行摆了3个，摆了这样的2行，一共摆了6个1平方厘米的小正方形，面积是6平方厘米。每个小正方形的边长都是1厘米，每行有3个小正方形，就是3厘米。 ［面积问题预设］我发现长方形的面积=长×宽
设计意图	❶ 根据布鲁姆认知模型，在可视化教学中，学生的学习方式由被动到主动。通过构造学生亲身经历的情境，提出真实问题。 ❷ 小组内发现、提出、聚焦问题，让学生基于“非线性”小组合作学习模式，分析问题，尝试解决问题。 ❸ 激活学生用面积单位表示图形面积大小的学习经验，体会到“求面积的大小就是求一个图形包含的面积单位的个数”，参透面积度量的本质。 ❹ 运用“双重编码”理论“双通道”授课，让学生在任务驱动下协作完成研究问题，从数据中推理出长方形的面积计算公式
教学环节2.1：个性化问题解决，导学反馈	
教学内容	导学问题1：为什么“长方形的面积=长×宽”？ 小组合作要求：请选择学习单中的一个图形进行研究，先独立思考，再在组内讨论交流。 ❶ 直观展示。 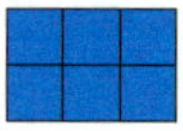 追问：以这个长方形为例，长在哪里？比画一下。长是几厘米？你是怎么看出来的？（边指边说，板书3厘米，画箭头） 小结：也就是说，长和每行小正方形的个数有关。长是3厘米，每行能摆3个小正方形。（做手势）那宽和什么有关呢？你是怎么想的？谁能完整地说一说？ 我们跟着几何画板，看看是不是和你的想法一样。 小结：长×宽就相当于用每行中小正方形的个数×行数，得出的结果就是面积

（续表）

教学环节2.1：个性化问题解决，导学反馈	
教学内容	❷ 闭眼想象。（出示长5厘米、宽3厘米的长方形） 提问：要计算它的面积，也就是要求什么呀？求里面有多少个小正方形。能想象出来吗？跟你想的一样吗？再算的时候还需要摆吗？用公式就行了。 ❸ 应用迁移。 要知道下面这2个图形的面积，你打算怎么做？  小结：用尺子一量就能看出长度是多少，快动手试试吧（展示学生作品）
学生活动	❶ 学生从数据中推理出长方形的面积计算公式，通过数方格，感悟小正方形的个数与长方形的长、宽之间的关系，思考面积计算公式的形成过程。 ❷ 应用公式，借助熟悉的度量工具——尺子测量长度，体现工具的优越性
设计意图	❶ 学生自主探索出面积计算公式是存在困难的，给学生提供思考方向，这样学生理解面积计算公式形成的过程会比较容易。因此要给学生搭建思维支架，逐步简化求面积的方法。 ❷ 学生经历了用1平方厘米的小正方形分别测量铺满图形、未铺满图形和空白图形面积的完整过程，这恰恰是度量方法逐步优化的过程，学生的思维也从直观形象层面上升到空间想象与抽象推理的阶段
教学环节2.2：个性化问题解决，导学反馈	
教学内容	导学问题2：正方形的面积怎么求呢？ 提问：做这两道题的过程中，你有什么发现？能上来指一指吗？（指着图形，同桌之间互相说一说） 小结：我们可以通过长方形和正方形的关系推导出正方形的面积计算公式。 正方形的面积=边长×边长（板书）

（续表）

教学环节2.2：个性化问题解决，导学反馈	
学生活动	认真进行观察和自主尝试，发现正方形的面积计算公式
设计意图	让学生发现正方形的长和宽相等，从而通过推理、迁移应用得出正方形的面积计算公式
教学环节2.3：个性化问题解决，导学反馈	
教学内容	导学问题3：面积有什么用？ 小结：看来计算面积可以解决我们身边遇到的问题
学生活动	积极思考，回答问题
设计意图	数学源于生活，应用于生活，培养学生对数学的兴趣和应用意识
教学环节2.4：个性化问题解决，导学反馈	
教学内容	提问：你能解决下面几个问题吗？ 提问：（做对了）同意吗？（做错了）有没有什么需要提醒大家的？ 根据学生回答进行反馈
学生活动	先独立完成，再在小组内交流
设计意图	巩固长方形面积的计算方法，体会面积在实际问题中的应用
教学环节3：拓展提升，归纳积累	
教学内容	❶ 今天，我们通过发现、提出问题，小组合作研究了长方形、正方形面积计算公式背后的道理。同学们，你们有什么收获呢？请将自己的收获写在学习单下面，计时1分钟，开始吧！ ❷ 看来大家今天收获满满。学习了今天的内容，你还想知道什么呢
学生活动	学生写收获并汇报
设计意图	利用课堂最后的几分钟，借助板书清晰地再现问题解决的全过程，既培养学生的反思习惯，又让学生积累学习经验，提高学生归纳积累的能力
教学环节4：布置作业	
教学内容	❶ 请学生先估计黑板的面积，再测量它的长和宽，最后计算面积。 ❷ 完成下一节课的“预习导航”
设计意图	既巩固已学知识，又引发学生对未知知识的探索，启动下一轮学习循环

（续表）

板书设计

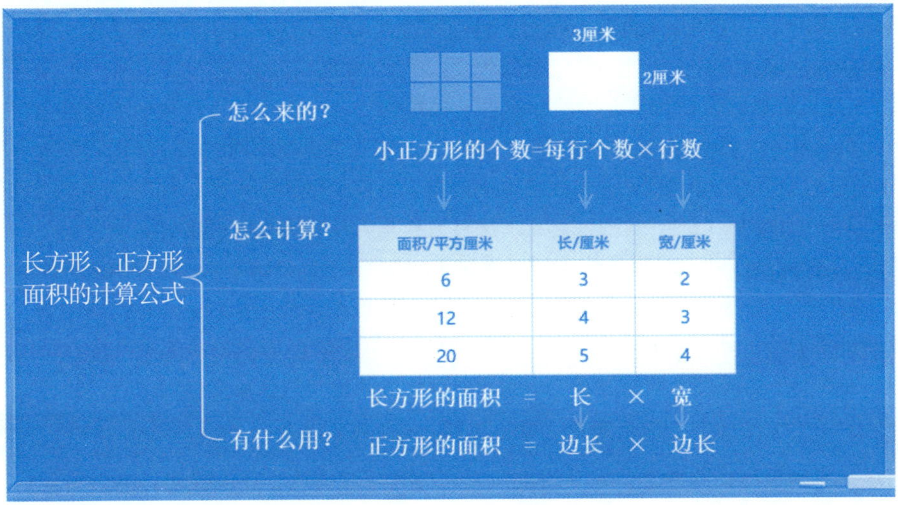

（三）案例分析

1. 信息技术的主要应用

（1）在线测评网络平台反馈功能。课前学生进行预习，教师收集课前学情的数据，以此开展精准备课。课堂中，教师发起在线作业，采集学生作业数据，对教学效果进行及时的评判与优化。上传简答题解答过程到平台，以促进师生进行评价和互动，同时方便教师了解学生的思考过程，更好扫清认知误区与“盲区”。

（2）飞屏与同屏功能。通过飞屏与同屏功能，加强学生个性化学习成果展示与研究，给予学生更大的表现平台，促进生生互动、师生互动，提高互动的深度与广度。

（3）运用网络画板动态化呈现推理过程。“为什么长方形的面积等于长乘宽”，也就是“为什么两个量相乘得到一个新的量”，这正是凸显面积本质的问题，也是度量大单元中的一个核心问题。为了解决这个问题，教师应用网络画板制作了动画，将一个单位面积的正方形沿着长方形的长、宽进行移动，呈现用面积单位度量的过程，也就是度量的本质。同时在移动的过程中留下一个个“标记”，这些“标记”又可看作是对长与宽长度的度量；这种方式不但能帮助学生从数的角度理解每行个数、行数与长、宽的关系，体现数形结合，更重要的是巧妙地将长度度量与面积度量进行关联，沟通了一维度量与二维度量，为学生从直接测量过渡到间接测量提供直观具象的支撑

（续表）

2．应用技术的关键事件
（1）学生在课前进行了预习，教师通过优课智慧课堂系统收集学生的预习情况，以便精准备课。学生在课堂上进行汇报时，教师实时利用交互式一体机的投屏功能，对学生的作品进行展示。 （2）为了解释“为什么长方形的面积等于长乘宽”，也就是“为什么两个量相乘得到一个新的量”，教师应用网络画板制作了动画，将一个单位面积的正方形沿着长方形的长、宽进行移动，呈现用面积单位度量的过程，也就是度量的本质；同时在移动的过程中留下一个个“标记”，这些“标记”又可看作是对长与宽长度的度量。 （3）学生完成作业后，通过优课智慧课堂系统拍照上传，个体的思维得到充分展示。学生的作品经过小组讨论，飞屏到教师屏，再在全班进行展示和讨论。在此活动中，学生经历了交流、质疑、评价等过程，更重要的是每个学生都在技术的支持下参与了学习，并在其中体现出个性的发展，也为课堂评价的开展与效果反馈提供了有效路径
3．技术应用于教学的创新点及效果思考
信息技术助推可视化教学。本节课的设计充分利用我校信息化的优势，通过希沃一体机、优课智慧课堂系统、网络画板、知几平台等，实现思维、知识、数据等的可视化，在多个维度促进学生的深度学习与认知发展。从心理维度上，将知识从抽象变得具象，增强了学生的学习动机。从智力维度上，帮助学生从表层发现知识的内在规律，并将其清晰表达出来，促进思维的发展。从效能维度上，更有利于学生理解知识和进行知识体系的建构，促进学生的学习迁移
4．对技术的教学适用性的思考及对教学改进的建议或意见
（1）在使用网络画板时，如果能通过可视化工具进一步凸显长度、面积、体积三维度量的关联，就能够更好地体现知识的联系。 （2）在运用信息技术收集学生数据时，进一步体现评价的价值

三、轴对称图形

（一）教学情况分析

1．基本信息			
课名	轴对称图形		
学科（教材版本）	数学（2011人教版）	章节	第3单元　图形的运动（一）
课时	第1课时	年级（学期）	二年级（下学期）

（续表）

2．教材分析

（1）教学单元视角：

本课是小学阶段“图形的运动（一）”单元的起始课，学生通过观察，直观感知轴对称图形的特征，通过操作掌握辨认轴对称图形及其对称轴的方法，初步体会轴对称是一种图形运动的方式，为后续学习平移和旋转建构学习方法，同时培养空间想象能力，为解决问题奠定知识基础，同时也为四年级的学习进一步奠定基础，并为今后学习抽象的图形运动积累感性经验，发展空间观念。

（2）教材编排：

利用学生熟悉的情境，展示生活中的各种运动形式，让学生感受数学与生活的密切联系；为后续学习提供素材，同时让学生初步感受对称、平移和旋转现象。

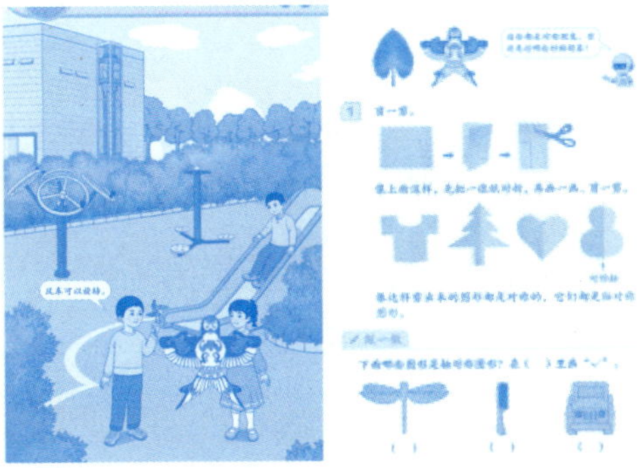

教材呈现生活素材，让学生感知对称现象。

通过剪纸片，明确这样剪出来的图形是轴对称图形，通过折痕认识对称轴；明确用对折的方法可以辨认轴对称图形。

巩固练习，建立数学与生活的联系。

3．学习者分析

逻辑起点：二年级的学生处于具体形象思维阶段，仍然需要借助直观形象学习，具备一定的观察能力和动手操作能力。

真实起点：学生首次接触图形运动，已能结合生活实际情境感受和辨认简单对称现象，积累了丰富的直观生活经验，但对“轴对称图形”认识模糊

4．教学目标

（1）初步感受生活中的轴对称现象，直观感知轴对称图形沿对称轴对折后两边完全重合的轴对称特点，通过对折的方法能辨认轴对称图形及其对称轴。

（2）通过观察与比较对折操作的过程，发展观察能力、想象能力和动手操作能力，培养空间观念。

（3）感知生活中的轴对称现象，感受物体和图形的对称美，会从图形运动的角度观察世界

（续表）

5．教学重难点及解决措施
教学重点：认识轴对称图形的基本特点。 **教学难点**：辨认轴对称图形和对称轴。 **解决措施**：（1）利用已有经验，有效发展。根据布鲁姆认知模型，注重关联已有知识和生活经验进行教学，通过构造学生亲身经历的情境，提出真实问题，把握知识的“生长点”。（2）通过可视化教学帮助学生理解抽象问题，发展学生空间观念。在进行图形的位置与运动的教学时，利用信息化手段和学生熟悉的情境，展示图形运动过程，让学生在具象观察中形成空间观念

（二）教学过程

<table>
<tr><th colspan="2">教学环节1：创设情境，唤醒知识</th></tr>
<tr><td>教学内容</td><td>（1）观察动态主题图。
你发现有哪些物体在运动呢？它们都是怎样动的？
今天我们就来学习和图形运动有关的现象。
（2）观察蝴蝶图。
观察一下，你发现蝴蝶有什么特点？
（3）观察对称现象。
你会发现，生活中也有很多像蝴蝶这样的对称物体
</td></tr>
<tr><td>学生活动</td><td>预设：小飞机、电梯、蝴蝶……
预设：两边对称或两边一样</td></tr>
<tr><td>设计意图</td><td>观察动态主题图感受生活中常见的图形运动现象。通过观察蝴蝶图等图形，初步感知对称现象的特点。从运动角度初步感知轴对称</td></tr>
<tr><th colspan="2">教学环节2：自主探索</th></tr>
<tr><td>教学内容</td><td>❶ 感知轴对称的特征。
（1）用什么方法来验证蝴蝶的两边是否一样呢？
（2）打开信封一，把小蝴蝶拿出来，折一折，验证一下两边是否一样。像这样对折后，两边的形状和大小完全相同的现象，在数学上叫作“完全重合”。</td></tr>
</table>

（续表）

<table>
<tr><th colspan="2">教学环节2：自主探索</th></tr>
<tr><td>教学内容</td><td>❷ 验证剩下的图形。
认识对称轴：刚刚我们是沿着哪里对折的？折痕所在的直线叫作对称轴。
❸ 揭示课题。
沿着对称轴对折后，两边完全重合的图形就是轴对称图形。
❹ 辨认生活中的轴对称图形。
判断是否为轴对称图形。
❺ 研究学过的图形。
从下面的图形中选择出轴对称图形，在（　　）里打“√”。

（　）　（　）　（　）　（　）　（　）
（1）接下来我们继续用轴对称研究认识过的图形吧！打开信封三，将各种形状的小纸片拿出来，动手折一折，进行验证。
从下面的图形中选择出轴对称图形，在（　　）里打“√”。

（　）　（　）　（　）　（　）　（　）　（　）
（2）结论：辨认是不是轴对称图形，需要看对折后两边是否完全重合</td></tr>
<tr><td>学生活动</td><td>❶ 预设：对折，展示对折过程。对折后，两边一样。
❷ 预设：沿中间的线对折。
❸ 认真听讲并思考。
❹ 先观察猜想，再动手验证。
❺ 分组活动</td></tr>
<tr><td>设计意图</td><td>（1）通过验证猜想，直观认识轴对称图形的特点是沿对称轴对折后两边完全重合，并明确辨认轴对称图形的方法以及找对称轴的方法是对折。
（2）运用所学知识判断生活中的轴对称图形，再次经历想象、验证过程。同时为后续学习旋转和平移做铺垫。
（3）通过从生活图形到基本几何图形的研究，既发展几何直观与空间想象能力，又实现知识的数学化</td></tr>
</table>

（续表）

教学环节3：拓展提升	
教学内容	连一连：轴对称图形不但藏在我们数学的图形里，还藏在我们汉字里。 下面是一些轴对称的艺术字，它们被遮住了一半，你能猜出分别是什么字吗？连一连吧！ 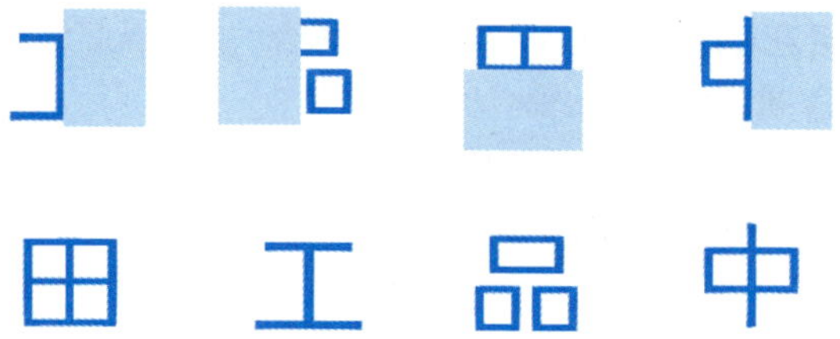 我国的汉字设计得真是巧妙
学生活动	学生自主完成练习
设计意图	融入学生熟悉的汉字，运用轴对称图形的特点，让学生感悟轴对称图形的形成过程，培养空间想象力
教学环节4：全课总结，深化认识	
教学内容	❶ 回顾总结：阅读课本28—29页，对这节课还有什么疑问吗？今天学到了什么？ ❷ 欣赏剪纸：感受对称美。 ❸ 课后活动：剪一剪，剪一个轴对称图形吧
学生活动	学生自由表达
设计意图	通过欣赏生活中的轴对称图形，感受对称美，学会用运动的眼光观察轴对称现象；通过课后活动为下一节课做铺垫
板书设计	
轴对称图形 沿着对称轴对折后两边完全重合 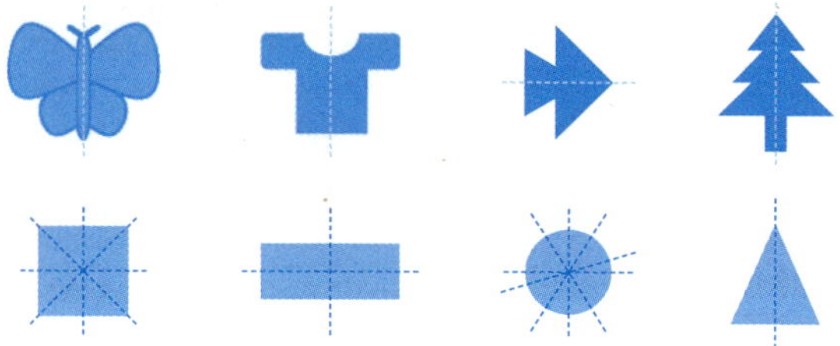	

【附件】

学习任务单

姓名：__________　　　　学号：__________

任务一：

从下面的图形中选择出轴对称图形，在（　　）里打“√”。

（　　）（　　）（　　）（　　）（　　）（　　）

任务二：

下面是一些轴对称的艺术字，它们被遮住了一半，你能猜出分别是什么字吗？连一连吧！

（三）案例评析

1. 信息技术的主要应用

（1）在线数据反馈功能。课前发布学习任务，通过学生作答后的数据分析了解学生的真实起点。因考虑到学生属于低年段，所以选择简单的习题给学生进行课前任务学习，通过判断题和选择题，将教学目标精准定位于学生的“最近发展区”；确保教学重点、难点的精准预设；确保教学策略选择与教学活动设计的精准匹配。

（2）屏幕监控与实时练习。小学生对轴对称图形的感受只能通过具体的活动来支撑，要在活动中将思维方法和思维路径可视化。课堂上每位学生都能进行分类与判断轴对称图形等数学活动，教师可利用屏幕监控与实时练习数据反馈，关注每位学生的活动成果，调动生成资源进行教学，实现以学生为中心、教师为引导的课堂教学，同时也能在习题评讲中有所侧重，提高教学效率，并引导学生在“化错”的过程中主动建构知识框架。

（3）交互式一体机的图形运动功能。理解轴对称图形的概念对于低年段的学生来说具有一定的难度，大部分学生不能理解轴对称图形是通过图形运动产生的，因此本课利用交互一体机的图形运动功能，展示轴对称图形的形成与检验过程

2. 应用技术的关键事件

（1）课前学生进行了轴对称图形的预习，教师通过优课智慧课堂系统收集学生对轴对称图形的了解情况，从而确保教学重点、难点的精准预设并选择对应的解决措施。

（2）教师及时反馈，灵活调整策略，通过信息技术动态监测学生学习状况，发现学习过程中存在的问题，更加灵活全面地掌握学生的学习情况。练习巩固环节，学生通过平板操作完成轴对称图形连线练习；平台的大数据分析功能，使学生的思维结果可视化，帮助教师及时掌握每一位学生对本节课知识的掌握情况，提高教学效率。

（3）通过交互式一体机具象展示轴对称图形的运动过程，学生通过观察，加深对概念的理解，培养空间想象力。随后，学生先通过独自想象对折与翻折的过程判断轴对称图形，再通过观察交互式一体机的动态展示验证猜想，形成空间观念

3. 技术应用于教学的创新点及效果思考

（1）运用技术手段进行可视化教学，可将难以想象的图形运动呈现出来。不用技术手段是完全无法实现这一效果的，这也是学生空间观念较难发展的原因。因为学生无法充分地通过观察发现图形之间的关联，只能依靠想象来进行推导，而观察是想象的心理基础和表象基础，所以为了促进学生的观察，采用交互式一体机进行图形的动态呈现能有效发展学生的空间观念，提高教学效率。

（2）善用微课进行教学。每个学生都有差异，同样的课程，同样的老师，不同的学生就会有不同的学习效果，如何能关注到每一个学生，进行个性化辅导呢？借助信息手段，可以利用微课辅助教学。课后可以根据不同学生的课堂练习反馈情况了解学生的知识掌握程度，从而给予学生相应的微课推送。考虑到学生的年龄，选择推送的微课要具有针对性，并且简短，这样更有利于达到有效分层教学的效果

（续表）

4．对技术的教学适用性的思考及对教学改进的建议或意见
（1）练习设计需要更个性化，让学生可以充分利用课堂时间达到最好的练习效果。可以利用“问卷星”中的逻辑跳转功能，根据学生作答情况，进行不同层次题目的跳转，让学有余力的学生能更高效拓展思维，同时也让基础不牢固的学生得到针对性的巩固，从而更好地实现分层性教学。 （2）充分利用可视化。图形运动学习具有抽象性，因此大量的动态具象观察能更有效地培养学生的空间观念；同时教师在教学时可以利用多感官与信息化结合，如让学生用手掌跟着屏幕上的轴对称图形一起对折与翻折，随后再逐步发展到在脑海中进行空间想象，这样更符合低年段学生的认知规律

四、平面图形周长与面积复习

（一）教学情况分析

1．基本信息			
课名	平面图形周长与面积复习		
学科（教材版本）	数学（2011人教版）	章节	第6单元　整理和复习
课时	第2课时	年级（学期）	六年级（下学期）
2．教学目标			
（1）能对平面图形的周长和面积的计算公式及推导过程进行整理，能熟练地应用公式进行计算。 （2）通过画思维导图、动手操作等活动，探索知识之间的联系，构建知识网络体系，加深对知识的理解，培养逻辑思维能力，促进空间观念的形成。 （3）开发和提升类比创造能力，在提升思维品质的同时建立起正确的思维方式			
3．学习者分析			
学生已学完小学阶段的所有平面图形，掌握了其特征以及周长和面积的计算公式和应用。学生曾学习过计算公式的推导过程，但由于学习时间的跨度很长，因此难免对知识有所遗忘，且因知识呈点状分布，未能形成知识之间的联系			

（续表）

4. 教学重难点分析及解决措施
教学重点： 复习计算公式及推导过程，并能熟练地应用公式解决问题。 **教学难点：** 探索计算公式间的内在联系，构建知识网络。 **解决措施：** 根据学情，对教学重点中的计算公式及推导过程进行课前回忆及课堂小组分享。对于教学难点，首先进行知识点复习，让学生感受知识点间的联系，再引导学生自主设计网络图，通过讨论、质疑、投票等方法，经历思维导图形成过程，从而成功突破教学难点

（二）教学过程

教学环节1：问题引入，明确概念	
环节目标	❶ 体现数学与生活的联系，同时帮助学生区分周长与面积两个概念。 ❷ 在对基本概念的回顾中引发学生对基本公式的回忆，夯实基础，为后续提高技能做好铺垫
教学内容	❶ 教师出示一幅画，提问：如果给这幅画加上木框，要计算木框的长度，就要求它的什么？（周长）如果给它装上玻璃，要计算玻璃的大小，就是要求它的什么？（面积） ❷ 出示课题：复习平面图形的周长和面积。 ❸ 教师请学生观察已准备好的平面图形，先向小组成员介绍这个图形的周长与面积，再向全班介绍这个图形的周长与面积
学生活动	❶ 认真思考，结合实际例子回忆概念。 ❷ 向同学介绍图形的周长与面积，其他同学认真倾听、思考
媒体作用及分析	展示美丽的画，给学生带来一定的视觉冲击，激发其学习兴趣
教学环节2.1：自主探索，梳理公式	
环节目标	通过对周长、面积的计算公式和方法的回忆与整理，巩固周长与面积的意义

（续表）

教学环节2.1：自主探索，梳理公式	
教学内容	❶ 请学生独立回忆以前学过的图形（长方形、正方形、平行四边形、三角形、梯形、圆）的周长与面积计算公式。 ❷ 教师听取学生汇报，展示周长计算公式。问：长方形、正方形、圆形都有周长计算公式，但其他图形没有，那么该怎么计算它们的周长？ 小结：不管平面图形有没有周长计算公式，我们都是根据周长的意义来求的，公式只是计算时的一种简捷方法
学生活动	❶ 认真回忆，上传所写内容；认真聆听同学汇报，可向同学质疑。 ❷ 认真聆听小结，同时认真思考

教学环节2.2：自主探索，梳理公式	
环节目标	理清公式的来龙去脉，认识到各图形不但在面积的计算方法上有联系，而且在知识的形成过程中也有着逻辑关系，从而系统感悟几何知识的形成过程
教学内容	❶ 组织学生开展小组活动，巡视指导。出示合作要求：找出你认为联系最紧密的图形，回忆它们的面积计算公式的推导过程，说一说它们之间的联系。 ❷ 教师听取小组代表汇报，将学生汇报成果在黑板上用磁贴展示。 ❸ 播放微视频，用动画的形式完整展示各个图形面积计算公式推导的过程。请学生一边看一边根据自己的学习情况，对还不太清晰的推导过程进行重看或暂停进行思考等。 ❹ 学生对公式的推导若存有疑问，可以及时提出，师生共同解惑
学生活动	❶ 独立思考，写出平面图形的面积计算公式。小组合作讨论，一同回顾面积计算公式的推导过程。 ❷ 认真聆听同学汇报，提出疑问。 ❸ 观看微视频，再次完整回顾公式推导过程，进一步体会“转化”思想以及图形之间的联系
媒体作用及分析	通过微视频展示图形面积计算公式的推导过程，帮助学生对知识进行再加工，加强直观感受。支持学生个性化学习，方便学生重点重温个人未明晰的内容

（续表）

教学环节3：个性化问题解决，形成知识网络	
环节目标	在此环节中，让知识形成环环相扣的网络体系。学生从中感受思维导图在知识整理与复习中的作用，并从中体会“转化”这一重要的数学思想
教学内容	❶ 教师指导学生独立在平板上设计知识网络图。 ❷ 指导学生小组活动，选出最清晰、完整的知识网络图上传。 ❸ 组织全班学生进行网络投票，选出全班最认可的知识网络图，请该小组解读。 ❹ 指导学生分析书本中的知识网络图，与自己的作品进行比较，进一步明确知识网络图的设计方法，感受知识整理的重要性。 ❺ 解读网络图：从左往右看，这个知识网络图反映了数学学习的一种重要思想，就是“转化”的思想。把这个网络图逆时针旋转90度再看，这幅图就像一棵知识树，枝叶就是平面图形，图形与图形之间联系紧密，长方形的面积计算公式是树根，是基础。 ❻ 小结：从三年级的认识周长到六年级的认识圆的面积，在近四年的时间里，学生学到了很多的知识，把每本书都读厚了。现在一幅经过整理和归纳的小小的知识网络图，就将近四年来这部分的知识全部呈现了出来，它既体现了知识之间的前后联系，又把分散的知识点串成线、连成片，把知识由厚变薄
学生活动	❶ 独立在平板上设计知识网络图。 ❷ 在小组内讨论，上传组内最佳作品。 ❸ 对各小组作品进行投票，认真听同学解读。 ❹ 认真观察知识网络图，聆听教师小结，感受知识之间的联系与知识网络图的作用
媒体作用及分析	❶ 通过平板进行知识网络图的设计，不但方便，而且有利于学生作品的展示与学习过程的展现。 ❷ 通过网络平台展示所有小组的思维过程与结果；通过网络投票，每位学生能更大胆地表达自己的见解，评价参与度更高
教学环节4：拓展提升	
环节目标	❶ 应用概念，并在应用中进一步对概念加以辨别。 ❷ 基于数据，把握学情，进行有针对性的精准教学，帮助学生对知识进行个性化的拓展与延伸

（续表）

<table>
<tr><th colspan="2">教学环节4：拓展提升</th></tr>
<tr><td>教学内容</td><td>
❶ 教师在网络平台发布闯关测试，巡视指导。
［A组］
判断：
（1）两个面积相等的三角形一定能拼成一个长方形。
（2）平行四边形的面积是三角形面积的2倍。
（3）大圆的圆周率一定大于小圆的圆周率。
（4）半径是2厘米的圆，它的周长和面积的数值相等。
［B组］
比较下面两组图形的周长和面积，每组图中的图形周长相等吗？面积相等吗？（　　）

A. 第一组面积相等，周长不等
B. 第一组面积不等，周长相等
C. 第二组面积相等，周长不等
D. 第二组面积不等，周长相等
E. 以上都不对
［C组］
在方格纸中画出与平行四边形面积相等的图形，你能画出多少个？
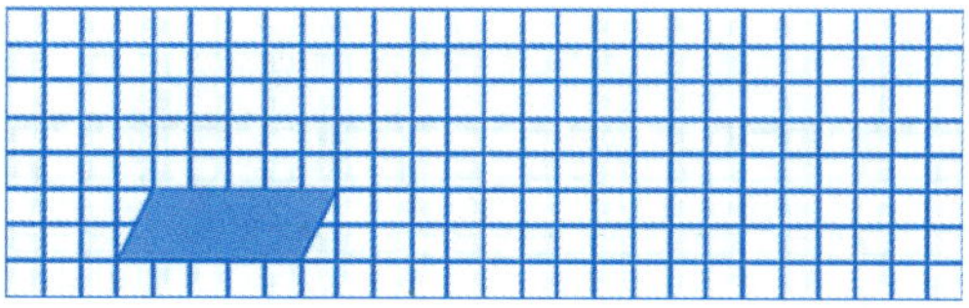
❷ 根据网络平台数据，教师点评错误率较高的A组与B组题。C组题由学生自由学习，教师提供微视频帮助他们自学。
❸ 课堂小结。
（1）这节课主要复习了什么？我们是怎样来复习的？（回忆知识—梳理知识—应用知识）
</td></tr>
</table>

（续表）

教学环节4：拓展提升	
教学内容	（2）这节课给你留下的最深的印象是什么？ （3）对于图形的周长与面积，你还有什么疑问吗？ ❹ 布置作业。 （1）线上分层作业。 （2）试用今天复习的方法设计一个立体图形的知识网络图，上传到云盘
学生活动	❶ 认真在平板上进行答题。对网络自动批改的题目进行反思，对于不会做的C组题，查看微视频进行自学。 ❷ 认真聆听教师评讲，并与同学进行质疑。 ❸ 与同学一同小结本节课内容。 ❹ 认真聆听作业要求
媒体作用及分析	（1）在网络平台的支持下，学生按自己的需求进行学习。网络平台自动收集学生错题并汇总到云端错题集，即时统计数据并呈现在教师端，供教师教学参考。 （2）线上分层作业及微课等，可以提高反馈效率，帮助不同学业水平的学生得到发展

（三）案例评析

1．信息技术的主要应用

（1）在线作业反馈。教师在课前应用了网络学习平台的在线作业反馈功能，及时了解学生的课前测评完成情况，在课前了解到学情，从而更精准地进行备课。

（2）飞屏与同屏。学生在平板上进行知识网络图构建，飞屏到教师屏，同屏到所有学生平板，学生有机会共享所有作品，丰富学生学习资源。

（3）网络投票。教师呈现所有小组作品，学生即时在网络上对优秀作品进行投票，拓宽了评价的途径，增加了评价的参与度与有效性。

（4）课堂测评反馈。在学生进行课堂练习时，网络学习平台自动批改学生的课堂测验，为学生提供反馈，提高学生元智能的同时，为教师提供课堂学习数据，也为教师及时调整教学策略提供参考。

（5）作业互批。利用网络平台对学生进行“随机配对”，然后学生根据教师出示的正确答案在平板上进行批改打分。每一位学生都是评价参与者，也是被评价者，在批改其他同学作业的同时，自己也得到了提升。

（续表）

1．信息技术的主要应用
（6）微视频推送。本节课推送了两次微视频来帮助教学，第一次推送的微视频是用来复习平面图形面积计算公式推导过程的。教师同时出示了两个微视频，一个是按照学生学习的过程，将教材中与平面图形面积相关的内容串联起来，用动画将计算公式推导过程展现出来，并提示了各图形在微视频中出现的时间节点，以帮助学生有选择性地按需进行观看。第二个微视频展示的是另一种从梯形出发的动态变形推导过程，属于拓展内容，让学有余力的学生在完全掌握了前一个视频内容的情况下进行选学，拓宽学生视野，满足不同层次学生的需要。第二次推送微视频是在课堂练习的阶段，教师在云盘中推送了帮助练习的资源包，其中包括分层练习中较难的B组和C组测评的帮助视频与思路。学生在做练习题时，遇到困难就可以自行点击观看，这样做不但可以提高课堂学习效率，培养学生的自学能力，而且能节省教师的教学时间，有利于教师开展更有针对性的个别辅导
2．应用技术的关键事件
（1）学生在平板上进行知识网络图构建，经讨论后上传小组内最优秀的作品到教师端。每位学生都能看到所有小组作品，并进行优秀作品投票。此环节中，学生在讨论、分析、投票、质疑中进行了充分的互动；并且由于网络投票、飞屏等技术的实施，使得全体学生都参与了互动，而且在互动中表现了自己的个体思维，有助于重难点的突破，并拓宽了评价的途径，增加了评价的参与度。 （2）学生进行的课前测评与课堂测评，均在网络平台上得到了自动批改与及时反馈。帮助学生自主进行反思的同时，也为教师的教学行为提供参考，更改变了教学的线性流程，真正实现了“以学定教”。 （3）学生两次借助微视频这一教学资源进行自主学习。微视频的使用使得学生的不同学习需求得到满足，提高了教学效率，更使得教师有更多的时间给有需要的学生进行个别辅导。教师也能通过微课的观看情况了解学生学情，对教学行为进行及时的调整与改进
3．技术应用于教学的创新点及效果思考
（1）媒体资源微视频的精准投放。微视频在很多课堂中都会使用，但本节课不但为学生提供了微视频辅助学习，而且提供了视频内容的时间节点，使得学生可以更加有针对性地进行学习。在推送微视频时，以“资源包”的形式进行投放，学生可以有选择地进行观看，提高学习效率，实现精准教学和个性化教学。 （2）技术支持下的有效评价。首先在对学生的知识网络图进行网络投票的环节，每位学生都是评价的主体，扩大了评价的参与面。通过评价，生生互动更加深入，评价结果决定了教学流程，学生真正成为课堂的主人。其次是在课堂练习中，利用网络平台实现了学生之间的随机批改。此次评价也是全部学生参与，他们既是评价主体，又是评价对象，在评价中发展了元智能，激发了学习的热情

（续表）

4. 对技术的教学适用性的思考及对其有关功能改进的建议或意见
（1）在学生观看微视频时，如果可以在教师端显示出学生观看的进度，记录下学生观看时的快、慢、停留等情况，可以令教师更深入掌握学情。 （2）在对课堂测评进行评价与反馈后，如果系统可以根据学生的错误进行针对性的资源推送，则可以对学生进行更精准的辅导

五、立体图形整理与复习

（一）教学情况分析

1. 基本信息			
课名	立体图形整理与复习		
学科（教材版本）	数学（2011人教版）	章节	第6单元　整理与复习
课时	第2课时	年级（学期）	六年级（下学期）
2. 教学目标			
（1）能对立体图形表面积和体积的计算公式及推导过程进行整理，能熟练地应用公式进行计算。 （2）通过画思维导图、动手操作等活动，探索不同维度图形之间的相互联系，构建知识网络体系，发展推理意识，促进空间观念的形成。 （3）开发和提升类比创造能力，在提升思维品质的同时建立起正确的思维方式			
3. 学习者分析			
学生已学完小学阶段的所有立体图形，掌握了部分图形表面积及体积的计算公式并能进行应用。曾学习过各类公式的推导过程，但由于学习时间的跨度很长，且小学生的空间观念较为薄弱，所以对图形的认识仍处于碎片化的状况，特别是对不同维度图形之间的关联理解不够			
4. 教学重难点分析及解决措施			
教学重点：复习计算公式及推导过程，并能较熟练地应用公式解决问题。 **教学难点**：探索计算公式之间的内在联系，以及图形之间的关联，构建知识网络体系。 **解决措施**：开展小组合作学习，缩小学生课前知识水平差异；运用技术进行图形变化的动态演示，为学生的空间观念发展提供直观支撑			

（二）教学过程

教学环节1：自主探索，梳理旧知	
环节目标	❶ 帮助学生回顾相关基础知识，同时了解学情。 ❷ 让学生在课前初步思考平面图形与立体图形之间的关联，加强独立思考能力
教学内容	❶ 课前在网络平台上布置前测，主要内容为立体图形的表面积和体积计算公式的基本应用。 ❷ 课前请学生思考并尝试画出平面图形与立体图形之间的关联
学生活动	课前在网络平台上完成前测，课堂上认真听教师讲解完成情况
媒体作用及分析	网络平台智能反馈相关学情，帮助教师提前了解学情，便于开展精准教学。同时在课前开展相关测评，可节省课堂时间，提升教学效率
教学环节2.1：个性化问题解决，形成结构	
环节目标	通过讲解从二维到三维图形的变化，让学生感悟不同维度图形之间的关联，同时感悟图形的运动与测量的关系，发展空间观念与量感
教学内容	❶ 复习“面动成体”。 （1）回顾平面图形通过平移产生立体图形，包括长方形平移得到长方体、圆平移得到圆柱等。 （2）回顾平面图形通过旋转产生立体图形，主要是长方形、三角形旋转形成圆柱或圆锥。 ❷ 自习“面围成体”（平面图形围成立体图形）。 ❸ 复习立体图形的体积与表面积的计算，体现图形的运动与图形的测量间的关联
学生活动	小组讨论后，由小组代表发言，随后相互质疑
媒体作用及分析	运用希沃白板，展示“面动成体”及立体图形展开成平面图形的过程。通过可视化手段，将抽象的图形的运动变得直观可感
教学环节2.2：个性化问题解决，形成结构	
环节目标	进一步帮助学生回忆公式推导过程，认识到各图形不但在面积的计算方法上有联系，而且在知识的形成过程中有着逻辑关系。同时通过构建思维导图，产生个性化知识结构
教学内容	❶ 组织学生活动，出示活动要求，并巡视指导。活动要求： （1）回忆立体图形体积计算公式的推导过程，并找出它们之间的联系。 （2）根据需要自行观看体积计算公式推导的微视频。 （3）通过知识梳理，在平板上形成个性化思维导图。

（续表）

教学环节2.2：个性化问题解决，形成结构	
教学内容	（4）小组讨论，选出最好的作品上传至网络平台。 ❷ 组织学生对小组推优的作品进行汇报。 ❸ 在教师端展示不同思路的两个思维导图，展示知识之间不同的关联，拓展学生思维，促进学生体会几何图形的系统性
学生活动	❶ 独立回忆公式的推导过程，并借助个人的平板观看微视频，唤起记忆。在个人平板上绘制思维导图。 ❷ 聆听同学的汇报，提出疑问并进行补充。 ❸ 分辨、比较两种不同的思维导图，提出自己的理解与疑问
媒体作用及分析	❶ 微视频的投入，促进不同步调的学生的发展。 ❷ 在平板上构建思维导图，并在小组内进行评议，能更便捷地开展互动与交流。 ❸ 利用希沃白板拖动图形，展示不同的思维导图，让学生更方便开展比较与评价，培养高阶思维
教学环节3：拓展提升	
环节目标	❶ 应用概念，并在应用中进一步对概念加以辨别。 ❷ 基于数据，把握学情，进行有针对性的精准教学。帮助学生对知识进行个性化的拓展与延伸
教学内容	❶ 教师在网络平台上发布闯关测试，巡视指导。 ［A组］ 要做一个正方体形状的无盖鱼缸，框架用角钢，四周用玻璃，底面用铁板。 （1）计算要用多少分米角钢，就是求它的（　　）。 A.体积　　B.表面积　　C.侧面积　　D.周长 （2）计算要用多少平方分米铁板，就是求它的（　　）。 A.体积　　B.表面积　　C.侧面积　　D.底面积 （3）计算要用多少平方分米玻璃，就是求它的（　　）。 A.体积　　B.表面积　　C.侧面积　　D.底面积 （4）求这个鱼缸的占地面积是多少，就是求它的（　　）。 A.体积　　B.表面积　　C.底面积　　D.容积 （5）求这个鱼缸能装多少水，就是求它的（　　）。 A.体积　　B.表面积　　C.底面积　　D.容积 （6）求这个鱼缸占多少空间，就是求它的（　　）。 A.体积　　B.表面积　　C.底面积　　D.容积

（续表）

教学环节3：拓展提升	
教学内容	［B组］ 下图是一个（　　）的展开图，这个立体图形的表面积是（　　）平方厘米，体积是（　　）立方厘米。 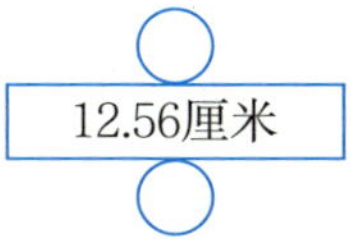 ［C组］ 淘淘生病了，妈妈送他到医院输液，一瓶药液为100ml，每分钟输2.5ml。淘淘观察到输液到第12分钟时，吊瓶的情况如右图所示，整个吊瓶的容积是多少？  ❷ 根据网络平台数据，教师点评错误率较高的A组与B组题。C组题由学生自由学习，教师提供微视频帮助他们自学。 ❸ 课堂小结。 （1）这节课主要复习了什么？我们是怎样来复习的？（回忆知识—梳理知识—应用知识）。 （2）师生共同回顾本节课的主要数学思想——“转化”思想。“转化”思想不但体现在平面图形上，还体现在平面图形与立体图形之间，以及立体图形与立体图形之间。 ❹ 布置线上分层作业
学生活动	❶ 认真在平板上进行答题。对网络自动批改的题目进行反思，对于不会做的C组题，查看微视频进行自学。 ❷ 认真聆听教师评讲，并与同学互相质疑。 ❸ 与同学一同小结本节课内容。 ❹ 认真聆听作业要求
媒体作用及分析	❶ 教师通过网络平台发布分层练习，同时平台提供微课，帮助学生进行自主学习，保证学生的个性化需求得到满足。 ❷ 平台展示学生作业完成情况，不同学业水平的学生通过同空间异步的学习，共同贡献了学情数据，帮助教师即时了解学情，适时反馈，提升课堂教学效率

（三）案例评析

1．信息技术的主要应用
（1）在线测评网络平台反馈。课前学生进行知识的独立整理与基础应用，教师收集课前学情数据，可以开展精准备课。课堂中，教师发起在线分层作业，对于不同层次的作业采用不同形式的数据采集方式。较简单的题目设置为选择题，能迅速定位学生易错知识点，帮助教师进行快速判断和决策。较复杂的题目设置为简答题，学生要上传解答过程到平台，以促进师生进行评价与互动，同时方便教师了解学生的思考过程，更好扫清其认知误区与“盲区”。 （2）飞屏与同屏。通过飞屏与同屏功能，加强学生个性化学习成果展示与研究，给予学生更大的表现平台，促进生生互动、师生互动，提高互动的深度与广度。 （3）随机点名。在请学生回答问题时，采用随机点名功能，提高学生的参与度，激发学生学习的主动性，同时避免教师的主观印象影响学生的学习进程和积极的学习心理。 （4）数字资源供给。将可能出现的难点和易错点以微视频的形式推送给学生，让他们可以按需学习。学生可以在自己的终端上选择点播观看，在戴上耳机不影响其他同学的同时，自由调节观看的内容和速度。本功能可以改善课堂教学中教与学需求不对称的问题，改进教学端的供给，进一步使不同层次和不同需求的学生获得对应的支持。 （5）交互式一体机的图形运动与拖拽。图形运动功能使平面图形按指定路径进行运动，并在运动的过程中形成相对应的立体图形，可真实显示抽象的图形运动与生成过程，并可随机选择方向。拖拽功能实现教师屏上不同图形位置的随意摆放，可即时展示学生的学习过程与生成的学习资源。以上两个功能给予教师更大的教学空间
2．应用技术的关键事件
（1）学生在课前思考了平面图形与立体图形之间的联系，在课堂上进行汇报时，教师实时利用交互式一体机的图形运动功能，对学生的描述进行展示，将抽象的图形变化进行直观呈现，减轻学生认知负荷，激发其学习兴趣。 （2）学生在平板上进行知识梳理与结构构建，个体的思维得到充分展示，知识得到重新建构。学生的作品经过小组讨论，飞屏到教师屏，再在全班进行展示和讨论。在此活动中，学生经历了讨论、交流、质疑、评价等过程，更重要的是每个学生都在技术的支持下参与了学习，并在其中体现出个性的发展。这也为课堂评价的开展与效果反馈提供了有效路径。 （3）学生进行的课前测评与课堂测评，均在网络平台上得到了自动批改与及时反馈。帮助学生自主进行反思的同时，也为教师的教学行为提供参考；同时改变了教学的线性流程，真正实现了“以学定教”。 （4）学生两次借助微视频这一教学资源进行自主学习。微视频的使用使得学生的不同学习需求得到满足，提高了教学效率，更使得教师有更多的时间给有需要的学生进行个别辅导。教师也能通过微课的观看情况了解学生学情，对教学行为进行及时的调整与改进

（续表）

3．技术应用于教学的创新点及效果思考
（1）运用技术手段进行可视化教学，可将难以想象的空间图形及抽象的形成过程呈现出来。不用技术手段是完全无法实现这一效果的，这也是学生空间观念较难发展的原因。因为学生无法充分地通过观察发现图形之间的关联，只能依靠想象来进行推导，而观察是想象的心理基础和表象基础，所以为了促进学生的观察，采用交互式一体机进行图形的动态呈现能有效地发展学生的空间观念，提升学习效益。 （2）学生在自主学习时，教师提供的两次微视频，能支持学生自定学习步调，调整学习过程，开展自适应性学习。在大班制的环境下，学生很难有机会进行自适应性按需学习，而在技术的支持下，教师两次推送了微视频，为学生提供学习的资源，促进学生学习在疑惑处、学习在困难处，将问题解决在课堂上，提升课堂学习效益
4．对技术的教学适用性的思考及对教学改进的建议或意见
（1）用交互式一体机进行图形运动时，如果能更灵活地改进图形运动的路径，以及展示更丰富的图形，就能更灵活地开展教学。 （2）在课堂测评与反馈后，如果系统可以根据学生的错误进行针对性的资源推送，可以对学生进行更精准的辅导

第三节　“统计与概率”领域案例

一、认识百分数

（一）教学情况分析

1．基本信息			
课名	认识百分数		
学科（教材版本）	数学（2011人教版）	章节	第6单元　百分数（一）
课时	第1课时	年级（学期）	六年级（上学期）

（续表）

2．教材分析

本节课是根据人教版数学六年级上册中第6单元“百分数（一）”的内容设计的起始课，是在学生认识了单位“1”、分数抽象概念以及分数应用，积累了倍、比等知识的基础上发展而来的。由于对百分数概念的理解影响着对其所表示的数量关系的分析，从而影响相关实际问题的解决，因此对百分数概念本质的理解是本节课，乃至本单元学习的关键。本节课，教材利用生活素材引出百分数的概念，帮助学生通过联系实际生活中百分数的广泛应用来理解其意义。通过认识百分数的意义并掌握百分数的读、写方法，为百分数的应用打下基础。

3．学习者分析

- 学习者特征分析
  - 学习习惯
    - 本班学生在数学课上多用探究、合作、自主学习等方式进行学习。学生的探究、合作意识及习惯均比较好，对于本节课的学习，有较丰实的活动基础
    - 青春期学生对成功或失败均较敏感，乐于表现自己的个性，具有一定质疑精神
  - 认知发展
    - 六年级学生约12岁，处于具体运算阶段和形式运算阶段之间，具有了抽象概念，能够进行逻辑推理，但仍离不开具体事物的支持
    - 六年级的学生在学习水平上存在较大差距，同一个班级里的学生对于数学知识的认知发展存在较大差异
  - 知识结构
    - 在日常生活中已经大量接触了百分数，但对其意义及其应用价值的认识还处于模糊阶段
    - 已完成分数的抽象认识与实际应用，对单位“1”、分数抽象概念以及分数应用有较好的认识。已积累倍、比等知识，为理解百分数概念提供了前提条件
    - 本班学生能熟练掌握信息化手段辅助学习，初步具有处理信息和在网络上自主学习的能力

4．学习目标

（1）从生活素材中体会百分数存在的必要性，理解百分数的意义及其与分数的异同，会正确读、写百分数。

（2）在对百分数与分数的对比中，体会转化、类比等数学思想，发展数据分析观念。

（3）初步学会从数学的角度提出问题，发展应用意识及培养信息素养。

（4）培养对数学学习的好奇心和求知欲，以及独立思考、合作交流、质疑反思等能力

（续表）

5．教学重难点分析及解决措施
教学重点：理解百分数的意义，正确读、写百分数。 **教学难点**：百分数与分数的区别和联系。 **解决措施**：要突破这一难点，可以引导学生讨论质疑、观察比较，通过对分数的意义等旧知识的回顾，帮助学生搭建概念理解支架。通过生活中丰富的感性材料，帮助学生理解百分数的关键属性——表示两数之间的倍数关系，从而突破难点

（二）教学过程

教学环节1：复习旧知，问题导入	
环节目标	❶ 通过大数据诊断，提高查漏补缺的针对性，这是进行精准教学的基础。 ❷ 基于“数学味”选择有“生活味”的素材，使学生感受百分数学习的必要性
教学内容	❶ 诊断与反馈准备知识。 讲评课前测评中错误率最高的第三题： （1）一包饼干有12块，平均分给3个小朋友，每人分（　　）包，（　　）块饼干。 （2）$\frac{1}{2}$年有（　　）个月，$\frac{3}{4}$年有（　　）个月。一年中，大月的月份占（　　）。一个星期中，休息日是工作日的（　　）。 （3）3杯水2个人平均分，每人分得（　　）杯，每人分得3杯水的（　　）。 （4）请收集不同生活场景中的三个百分数，并尝试写出它们表示的意义。 ❷ 问题引入。 呈现问题，引导学生交流、质疑。小结：统一标准（分母为100）的比值，更容易比较。引入“百分数”概念。板书：认识百分数。 问题：点球大战开始了，如果你是主教练，会派哪位队员射点球呢？如果有多名球员可供选择呢？（先出示A、B、C三位球员的历史点球情况，再出示A、B、C、D、E五位球员的历史点球情况，如下表所示）

球员	A	B	C	D	E
射球数	20	25	50	30	40
进球数	13	15	31	15	25

（续表）

教学环节1：复习旧知，问题导入	
学生活动	❶ 了解网络评价结果，认真听教师评讲并反思。 ❷ 观看微视频，针对“选择球员射点球”的问题，积极思考、互相质疑，听教师小结
媒体辅助及作用	❶ 通过网络平台自动批改形成的大数据诊断，可以提高教学效率，并增强教学针对性。 ❷ 用微视频呈现情境，提高学生的学习兴趣
教学环节2：自主探索	
教学内容	❶ 发布任务。 （1）将课前收集的生活中的百分数素材上传至网络平台。 （2）以小组为单位，讨论同一情境素材的意义。 （3）小组汇报讨论结果。 ❷ 小结百分数意义
学生活动	❶ 拍照上传；按要求在小组内进行讨论；认真聆听同学汇报，可向同学质疑。 ❷ 认真聆听小结，同时认真思考
媒体辅助及作用	通过网络平台全面展示学生素材，不但丰富了学习资源，而且提高了学生的学习兴趣及信心
教学环节3：个性化问题解决	
环节目标	体会数学与生活的联系，发展抽象概括能力
教学内容	❶ 指导阅读。 （1）请学生阅读课本第82、83页的内容，同时把自己认为重要的地方划出来。 （2）提问：课本中讲了哪些知识？（百分数的意义、百分数的读写、百分号） ❷ 组织讨论。 （1）提问：对百分数，你还有什么疑问？ （2）组织学生对同学提出的问题进行讨论、答疑。 ❸ 小结，揭示百分数与分数的异同
学生活动	❶ 认真阅读课本，自学认识百分号，自学百分数的读法与写法。 ❷ 积极思考，质疑或解惑。 预计的问题有：百分数为什么叫百分数？百分数为什么叫百分率或百分比等
媒体辅助及作用	先用电子白板记录所有问题，再自动归类，突出核心问题：百分数与分数的异同。记录学生思维轨迹，帮助学生自主构建知识框架

（续表）

教学环节4：拓展提升	
环节目标	❶ 培养数学阅读及自学能力。 ❷ 培养提出问题、独立思考、质疑反思的能力。 ❸ 构建知识体系
教学内容	❶ 课中诊断。 ［布置诊断题］ 将下面的数填入括号中：50%，$\frac{1}{2}$，110%，100%，55%。 （1）据统计，国庆长假期间，半数以上的年轻人选择自驾游，占年轻人出游总数的（　　）。 （2）六（1）班同学全订了课外书，也就是全班（　　）的同学订了课外书。 （3）一条绳子长1米，剪了一半，也就是剪了全长的（　　），还剩（　　）。 （4）高速公路上，小客车超过了大客车，小客车的行驶速度是大货车速度的（　　）。 ［巩固应用］ （1）布置任务：在规定时间内抄写课本“做一做”第2题的10个百分数，可多写。 （2）组织猜数游戏：说出一句含有百分数的句子，请同学猜猜句子表达的含义。 （3）指导学生互评百分数的书写。 ❷ 课堂小结。 （1）引导学生回忆本节课的学习过程。 （2）提问、答疑：对于本节课的学习，你还有什么疑问吗？ ❸ 布置作业。 （1）课后完成线上分层作业，如果有疑问，可以观看云盘中的帮助微课或是在线向老师提问。 （2）本周内以小组为单位，了解组员家庭及我国近几年的恩格尔系数，撰写调查报告，并上传至云盘，供大家参看、点评

（续表）

教学环节4：拓展提升	
学生活动	❶ 按自己的节奏完成诊断题。结合反馈结果与微课进行自学、反思、订正和质疑，或向教师求助。有错题的接受二次测评。 ❷ 完成练习任务，互相猜数。对同学的作品进行点赞等评价。 ❸ 认真回忆，积极思考，参与小结。提出问题或答疑。 ❹ 认真聆听作业要求
媒体辅助及作用	❶ 在网络平台的支持下，学生按自己的需求进行学习，包括看微课进行新知的再学习、结合自动批改结果进行反思等。网络平台自动收集学生错题并汇总到云端错题集，推送有针对性的二次测评题给学生。 ❷ 学生用手写板写数后，自动上传至网络平台，利用“同桌互评”等功能进行全班参与的互评与自评。 ❸ 线上分层作业及微课等，可以提高反馈效率，帮助不同学业水平的学生得到发展。长作业在云盘中得到展示与互评，可以培养学生的合作精神和信息素养

（三）案例评析

1. 基于学情的教学过程“变流”，实现精准教与学

一般的课堂都是按照教师提前设置的流程去开展教学活动的，但其实学生的情况千差万别。如果只是按照既定的流程去教学，往往会让学生失去发展与展现个性的机会。忽视学生差异的主要原因还是学情诊断的手段不够及时和准确。本节课利用网络平台，基于及时、准确的评价与反馈中产生的数据，进行了教学过程的“变流”，实现了精准教学。

首先，在课前进行诊断时，教师发现学生对于知识的掌握有些不足，与自己预想的有一定差距，特别是有三四个学生，对于分数的意义还不太理解。于是教师利用课前的休息时间对他们进行了个别辅导，在上课时，再一次讲解了这几道题，并请他们回答。这样做，既帮助学生缩小了差距，又增加了学生学习数学的信心。

在课中诊断这个环节，教师布置了几道由浅入深的问题，还推送了一个解释百分数意义的微课，供学习有困难的学生进行观看，自主学习。在这次练习中，教与学的过程都发生了“变流”。学习有困难的学生，借助微课重学了一次知识，再进行练习。网络平台自动收集学生错题并汇总到学生本人的错题集，同时自动推送有针对性的二次练习题，帮助学生个性化学习。学习没有困难的学生则在完成练习后，将自己的作答结果与标准答案进行了对比，反思做错的原因。学生还根据网络自动推送的同类型题进行了个性化的二次诊断。在网络平台的支持下，学生得以按自己的节奏自主学习，教师则将注意力主要放到了个别学生身上，对个别学生进行有针对性的辅导，这样既提高了教学的效率，也真正做到了“以学定教”

（续表）

2．基于学情的教学内容重构，实现以生为本的教与学
当概念作为教材的一个知识点时，教材内容的编写顺序往往遵循知识结构的逻辑，按照概念发生的先后顺序进行展示。然而，很多情况下，学生的认知结构和教材的知识结构会产生冲突，教材的呈现顺序不适合直接作为学生学习的顺序。对于百分数的概念，学生在课前已有一定模糊的认识，通过课前自学，也能了解到百分数的很多相关知识。所以，本节课没有一开始就介绍百分数，而是安排了一个课前问题：选择哪位球员射点球。而且此问题先对三名球员的情况进行了展示，学生很快提出利用通分比较同分母分数大小的方法。他们选择的公分母是50。此时，教师并没有急于要求学生将分母统一为100，因为教师早已在课前预设到学生会以此种方法解决问题，这才是真正符合学生认知规律的教学流程。随后，微视频中出现了多名球员，这时再次问学生如何选择，学生才感到非常困难，因为再用通分来比较这么多的数据，他们是难以完成的，即使完成，也需要较多时间。此时，教师再抛出问题：能不能将其分母统一为100呢？ 以问题为导向，制造思维的冲突，使百分数的产生成为解决问题的需要，显示出百分数概念的学习价值。而且百分数的意义，已在学生的头脑中留下了深刻的印象，这对解决百分数与分数的学习难点会有很大帮助
3．信息技术助力基于非线性教学理论的课堂网状互动模式，帮助学生发展高阶思维
非线性教学理论认为，教学是一个复杂的、多元的、不可预测的系统或网络，它像生活本身一样，永远处于转化与过程之中。本节课中，网络平台的使用，使得知识在课堂中实现了网状交互和流动，课堂内容变得更加多向和立体，为非线性教学的建构与实践提供了条件。 首先，本课不是直接由教师向学生讲授知识，而是先利用了微视频，再利用了教师提问、学生回答，外加小组讨论、网络展示小组合作学习成果、阅读教材等多种形式生成课堂知识，大大丰富了课堂知识的内容。课堂知识的表现形式也从传统的口述、笔写，转为利用视频、画面等多媒体展示，更有通过网络平台进行的问题推送、回答、反馈与评价等，使得有效知识在老师与学生之间能高效、多元地进行流动。 更为重要的是，课堂知识流动的路径呈现出网状的结构，特别是在以下三次学生活动中表现得尤为突出。一开始，学生尝试解决微视频提出的问题，初步感受到百分数产生的必要性。知识就开始在老师和学生之间频繁地流动了。在小组内分享与讨论课前收集的生活中的百分数素材的过程中，通过网络平台的支撑，每个小组的成果均可以有效上传，在全班进行分享与讨论。在小组内部及学生之间，信息和知识通过网络频繁地流动。当学生看完课本，对百分数的知识进行质疑与解惑时，信息在学生之间“振荡”，例如有个学生问：写百分数时，到底是先写数字，还是先写百分号？这个问题看上去像是横生枝节，其实这正说明了学生在深入思考，而不是人云亦云，或是想当然。这也是一种科学精神的体现。学生提出的问题中就有本节课的核心问题，或与之相关的问题，

（续表）

3. 信息技术助力基于非线性教学理论的课堂网状互动模式，帮助学生发展高阶思维
在师生、生生互相问答的过程中，本节课的难点——百分数与分数的区别和联系，就迎刃而解了。在整个过程中，学生与教师均变为了知识流动网络中的一个节点，每个人都成了知识的生产者、加工者和接收者，师生形成了学习的共同体。信息的网状流动，极大地丰富了课堂教学的层次和深度，在培养学生自主学习能力的同时，学生的质疑反思能力、建构知识能力、抽象能力等高阶思维和数学学科素养也悄然得到了培养。

二、扇形统计图

（一）教学情况分析

1. 基本信息			
课名	扇形统计图		
学科（教材版本）	数学（2011人教版）	章节	第7单元　扇形统计图
课时	第1课时	年级（学期）	六年级（上学期）
2. 教材分析			
本节课是根据人教版数学六年级上册中第7单元“扇形统计图”的内容设计的起始课，是小学阶段统计图表学习的最后一个内容，是在学生已经学习了统计表、条形统计图和折线统计图的基础上发展而来的。本节课展示了扇形统计图的形成过程及优势，通过读图与解决问题，帮助学生进一步体会数据的分析与表达要基于现实情境与问题，促进学生应用意识与数据意识的提升，为中学继续学习其他统计图打下基础			
3. 学习者分析			
逻辑起点：学生对于统计图在统计中的作用有所了解，并能根据条形统计图、折线统计图进行判断与简单的决策，对于数据中隐藏的信息有着一定的感悟。对于绘制统计图有一定经验，能对扇形统计图中数据的计算开展自学。 **真实起点**：学生的数据意识发展水平存在一定差异，部分学生对部分与整体的关系理解不深，对统计图的选择策略尚未形成。在计算百分率时，部分学生仍存在困难			
4. 学习目标			
（1）通过解决“哪种运动项目更适合”的问题，经历对运动项目的调查、数据整理和分析过程，认识扇形统计图，理解其意义，体会不同统计图表的优势，发展几何直观能力与数据意识。 （2）在观察、分析、判断、决策的过程中，提升解决问题的能力。 （3）感悟数据在生活中的作用，感受数学与生活的联系，发展应用意识			

（续表）

5．教学重难点及解决措施
教学重点：认识扇形统计图，会读取图中信息并解决简单问题。 **教学难点**：感悟扇形统计图的优势。 **解决措施**：要突破这一难点，需创设更能引发学生认知冲突的情境，引导学生在解决问题的过程中获得感悟

（二）教学过程

教学环节1：自主探索	
环节目标	❶ 复习旧知识的同时，帮助学生整理已学过知识之间的关联。 ❷ 激发学生学习需求
教学内容	❶ 课前在网络平台上发布课前小研究： （1）请写出曾学过的几种统计图的名称，并分别介绍其特点。 （2）学校要开展第二课堂活动，要收集同学们喜欢的运动项目。请设计一个调查问卷，包括调查对象、方式，并说明设计理由。 ❷ 认真阅读课本第7单元，将有疑惑的地方做上记号。可自学平台上的微课资源“扇形统计图的产生”以及“百分数的应用”
学生活动	❶ 认真完成课前小研究。 ❷ 认真阅读课本进行自学与反思，自主选择学习资源进行自学
媒体辅助及作用	❶ 通过网络平台收集学生对旧知识的学习情况，了解他们对统计方法的掌握程度及形成过程，同时收集教学资源。 ❷ 教学微视频帮助有需要的学生进行自学，提升自学效益
教学环节2：个性化问题解决	
环节目标	❶ 了解扇形统计图的结构。 ❷ 感悟扇形统计图的优势与特征
教学内容	❶ 针对课前小研究开展小组讨论，特别要求要进行调查方案的讨论。每个小组推选一个最佳方案进行展示。 大部分学生可能出现的方案：调查某班、某年级学生喜欢的项目，进行条形统计图的绘制，然后解决问题。

（续表）

教学环节2：个性化问题解决	
教学内容	❷ 教师提供一班和二班两组数据，请学生开展第二次讨论：能否选出一个两个班都喜欢的项目？（两班总人数不同，项目选项相同） 将小组讨论得到的多种方案在教师端同时进行展示，请学生观察、判断。 学生作品一：绘制复式条形统计图，发现人数较多的项目是不相同的，所以很难统一。 学生作品二：绘制两个扇形统计图，比较各项目占比，发现占比较大的项目是相同的，所以可选择两个班中占比较大且占比接近的项目。 ❸ 通过比较、判断和反思，明确扇形统计图的特点就是能更直观地表达部分与整体的关系，从而找到问题的解决办法
教学环节2：个性化问题解决	
学生活动	❶ 在小组长的组织下开展小组讨论，说明自己的想法，同时思考其他成员的不同意见，最终形成共识。 ❷ 对教师端展示的不同作品作出判断，并说出自己的想法。 ❸ 利用平板的数据整理功能进行数据的整理与分析，得出不同的结论，并针对结论开展讨论
媒体辅助及作用	❶ 教师端投屏多个学生作品，有助于学生进行比较和研究。 ❷ 运用平板上的数据处理功能，提升学生整理数据的效率，使课堂更加聚焦于问题解决
教学环节3：拓展提升	
环节目标	❶ 会正确读取扇形统计图中数据蕴含的信息。 ❷ 会应用扇形统计图解决问题
教学内容	❶ 利用网络平台，开展现场问卷调研，收集本班数据。请学生根据数据进行计算，并利用软件绘制扇形统计图。小组内说一说，能从中得到哪些有用的信息。 ❷ 教师推送分层练习供学生完成： ［A组］课本“做一做”。 ［B组］放寒假了，小明的爸爸请小明计划一下自己每天的时间安排。请帮小明做一下这个计划，运用软件形成一个扇形统计图，并结合统计图说明安排的合理性。 ［C组］思考：已经学过的三种统计图分别适用于哪种问题或情境下的统计？请分别举一个例子说明

（续表）

教学环节3：拓展提升	
学生活动	❶ 开展问卷调查，进行独立思考和操作，有不明白的可观看资源包中的微视频或上网搜索。 ❷ 完成分组练习，对系统自动分配的同学作品进行评价
媒体辅助及作用	❶ 在网络平台的支持下，学生完成分层练习，平台可自动收集学生错题及推送学习资源，以支撑学生开展自主学习，并帮助学生形成个性化学习资源包。 ❷ 学生通过互批互改功能，提升元智能与反思能力

（三）案例评析

1．技术支撑下的数据处理与分析，提升学生数字素养

人工智能时代离不开大数据，人们需要对大量的数据进行处理和分析，认识和使用相关工具，是未来人类的重要能力。本节课虽然是学习扇形统计图，但并未将相关计算作为重点，而是多次运用软件进行了数据的计算和处理。因为本节课的数据涉及百分数的计算，对于学生而言计算过程比较烦琐，而且容易出错，更会占用大量的课堂时间。因此教师设计了多次使用软件进行数据处理的活动，并开放网络搜索功能让学生查询软件使用方法和技巧，在解决问题的过程中，让学生不自觉地开展了按需学习，习得软件工具的使用技能，并顺利且高效地完成了数据处理。这一系列活动不但提升了课堂的教学效率，更提升了学生的数字素养

2．基于真实情境的问题解决，培养学生数据意识

本节课创设了多个真实情境，包括运动项目的选择、多个班级的项目设计、放假时间安排等，还利用技术让学生高效地经历了收集数据、整理数据、分析数据的统计全过程。学生为了解决真实问题，思考和判断各种统计图的特点及应用场景，这一过程不仅巩固了学生关于统计图的相关知识，更帮助学生形成了一定的解决问题的策略，培养了学生的数据意识与应用意识

第四节 “综合与实践”领域案例

一、认识钟表

（一）教学情况分析

1．基本信息

课名	认识钟表		
学科（教材版本）	数学（2011人教版）	章节	第7单元　认识钟表
课时	第1课时	年级（学期）	一年级（上学期）

2．教材分析

本单元主要是使学生初步认识钟面上的时针和分针，并结合自己的生活实际对整时进行认、读、写。本单元共分为2个板块：第一板块是认识钟面；第二板块是认识整时（钟面和电子表）。教材提供了丰富的与儿童生活背景有关的素材，关注学生已有的经验和兴趣，设计了“小红起床”“小明的一天”等生活情景，让学生在生动具体的情境中学习数学，为之后学习“几时几分”“时、分、秒”做准备

3．学习者分析

共性特点：一年级学生处于前运算阶段向具体运算阶段过渡的时期，以具体形象思维为主，思维需要和具体实物、具体操作相联结。时间和时刻都是比较抽象的概念，学生学习有一定难度。一年级学生已在生活中积累了一定的认识钟表的经验，但是学生观察的细致性、顺序性水平低，注意力分配能力较差，容易忽视细节，比如钟面刻度、指针运动方向等。

个性特点：部分学生感知觉发展不充分，对于一些相近的图形、文字或数字容易混淆，27.78%的学生无法准确命名时针和分针，41.67%的学生无法准确对整时进行认、读、写

4．学习目标

（1）结合生活经验，认识钟面，在观察与对比中学会对整时进行认、读、写。

（2）在拨钟的活动中，结合钟面和电子表，认识整时的特点和记法，初步培养学生的观察能力、动手操作能力和符号意识。

（3）沟通生活与数学的联系，引导学生感受时间的宝贵，珍惜时间

（续表）

5．教学重难点及解决措施
教学重点：认识钟面，认识整时，记录整时。 **教学难点**：认识刻度，认识特殊时刻6时和12时。 **解决措施**：（1）充分利用学生资源。将学生课前绘制的钟面与课中使用的钟面作为教学资源，让学生从中认识钟面、刻度、整时、特殊时刻，突破教学重难点。 （2）展开实践操作，理解、巩固知识。小学生的年龄决定了他们的思维方式以形象思维为主，所以仅仅凭借教师的讲解，很难使学生理解抽象的数学概念。本课利用拨钟游戏，让学生对实物进行具体操作，使他们对整时有更加深入的理解，从而巩固认读整时的方法。 （3）丰富学习资源，拓宽认知视野。结合教材提供的素材，将时间测量工具发展过程的相关视频分享到班级云盘，拓展、补充教材资源，提高学生数学文化素养

（二）教学过程

教学环节1.1：自主探索	
教学内容	请学生画一幅钟表图，并拍照上传
学生活动	绘画钟表
设计意图	通过拍照上传功能，高效便捷地收集与整理学生生成资源，同时充分关注到每位学生的学习起点
教学环节1.2：自主探索	
教学内容	❶ 这是昨天数学活动课上同学们绘制的钟表，请欣赏一下吧！（播放学生课前画的钟表） ❷ 钟表里面会藏着什么数学奥秘呢？今天就让我们一起来认识钟表吧（板书）
学生活动	学生欣赏作品
设计意图	以学生绘制的钟表为导入，激发学生学习兴趣

（续表）

教学环节2.1：个性化问题解决	
教学内容	认识钟面——数字、刻度。 ❶ 这个钟面数字摆的位置准不准确呢？请把数字宝宝摆回准确的位置。（展示错误的钟面） ❷ 那么现在摆得正确吗？老师请一个好帮手再摆一摆吧！（在平板上出示4个刻度） ❸ 哪位同学摆得更好呢？为什么更好呢？（两个学生对比） 小结：刻度能帮助我们准确测量时间
学生活动	❶ 学生平板操作，修改钟面。 ❷ 学生观察发现并操作。 ❸ 学生进行对比。预设：因为更整齐
设计意图	❶ 通过平板拼图功能，让每位学生都能参与到课堂活动中，实现课堂的有效互动。 ❷ 利用屏幕监控的功能，更便捷、全面地关注到每位学生的实时情况，便于从中调取有效生成资源进行对比展示，从而突破认识刻度的教学难点
教学环节2.2：个性化问题解决	
教学内容	认识钟面——时针、分针。 ❶ 每个数字都对应1个刻度，2个刻度之间有1大格，数一数有多少大格吧！ ❷ 请观察钟面上的两根针，它们各有什么特点？ 小结：又粗又短的是时针，又细又长的是分针。 ❸ 看一看时针和分针还有什么特点？（播放时钟转动动画） 小结：它们转动的方向都是顺时针方向
学生活动	❶ 学生数格。 ❷ 预设：一根又粗又短；一根又细又长。 ❸ 预设：分针快，时针慢；它们转动的方向是相同的。 ❹ 学生伸手感知顺时针方向
设计意图	❶ 静态观察分针和时针的特点。 ❷ 通过视频，更好地观察分针和时针的动态特点。 ❸ 直观感知顺时针方向

（续表）

教学环节2.3：个性化问题解决	
教学内容	认识整时——探究整时。 ❶ 请观察分针和时针的位置，将钟面分成两类。完成后，与同桌说一说你的想法吧！ ❷ 观察这3个钟面，它们分别表示什么时间？ ❸ 你是观察哪里发现是9时的？ ❹ 那么4时和8时呢？ 小结：这3个钟面，分针都指向12，时针指向几就是几时。我们把这些时刻叫作整时。 ❺ 这3个钟面，有整时吗？有的话又是几时？ 小结：9时、4时、8时，像这样表示时间的方法叫文字表示法
学生活动	❶ 学生利用平板操作进行分类，与同桌讨论。 预设：学生把分针指向12的分为一类，分针不指向12的分为一类。 ❷ 预设：9点，4点，8点。 ❸ 学生独立观察后上台讲解，小组讨论，全班总结整时的特点。 ❹ 学生观察后认读出整时
设计意图	❶ 通过拼图功能，让每位学生都能动手参与到活动中，在分类过程中培养观察能力和分类思想。 ❷ 通过观察、讨论归纳出整时表示方法，培养归纳概括能力。 ❸ 巩固对整时概念的认识
教学环节2.4：个性化问题解决	
教学内容	认识整时——“你说我拨”游戏。 游戏规则：一位同学说出一个整时，另一位同学拨钟，并说说你是怎么拨的，随后角色互换
学生活动	同桌之间进行拨钟活动
设计意图	让学生在拨钟活动中，感受到时针与分针的联动，加深学生对时针与分针的认识，培养学生动手能力、小组合作能力与语言表达能力
教学环节2.5：个性化问题解决	
教学内容	认识整时——认识特殊时间。 ❶（出示12时钟面）为什么只看到一根针？表示几时？ ❷（出示6时）这又是几时
学生活动	认真观察，回答问题
设计意图	通过屏幕监控功能，充分关注到每位学生的情况，并通过实时投屏功能，及时收集、展示学生生成资源，从而引出学生对特殊时刻的认识

（续表）

教学环节2.6：个性化问题解决	
教学内容	认识电子表示法。 ❶ 你们知道小红是什么时间起床的吗？你从哪里知道的？ 小结：这是电子表，它表示时间的方法叫电子表示法。 ❷ 那这个钟面怎样用电子表示法表示呢？谁能上台写一写？ ❸ 对比文字表示法，电子表示法是如何表示整时的
学生活动	❶ 观察情境图，发现电子表示法。 ❷ 请同学上台写出电子表示法。 ❸ 预设：在用电子表示法表示整时的时候，后面都是“00”
设计意图	❶ 通过放大镜和“关灯”功能，让学生排除情景图中的其他干扰，将注意力集中到电子表上，更好地观察电子表示法的书写。 ❷ 通过对比文字表示法，总结归纳出电子表示法表示整时的形式
教学环节3：拓展提升	
教学内容	“小明的一天”连线练习。 ❶ 同学们，我们一起玩一个“找朋友”的游戏吧！将钟面与对应的电子表示法连起来。（将小明的一天展示在钟面上） ❷ 为什么9时的时候小明又在看书又在睡觉？ ❸ 那么7时也有2个吗
教学环节3：拓展提升	
学生活动	❶ 学生利用平板操作完成连线练习。 ❷ 预设：1个是上午的9时，1个是晚上的9时。 ❸ 预设：7时也有2个
设计意图	❶ 利用平台大数据分析的功能，使数据可视化，及时掌握每一位学生对本节课知识的掌握情况，提高教学效率。 ❷ 将“小明的一天”展示在一个钟面上，引出“为什么有2个9时”的问题，让学生在动画展示中直观了解“一天时钟转两圈”

（续表）

教学环节4：全部总结	
教学内容	❶ 今天你收获了什么新知识呢？（思维导图总结） ❷ 课后思考：那么这些不是表示整时的钟面，这些钟面分别表示什么时间（出示分类后非整时的钟面）
学生活动	学生举手回答
设计意图	❶ 利用思维导图系统、简单、快捷地展示整个知识体系，让学生更方便掌握知识框架，弄懂逻辑关系。 ❷ 课后留下疑问让学生进一步对钟表进行思考，为下一节课的学习做铺垫
教学环节5：布置作业	
教学内容	❶ 观看微课学习古人如何计时。 ❷ 同学们，现在我们测量时间可以看钟表，那么古人是如何测量时间的呢？可以课后在班级云盘中找到视频进一步了解
学生活动	课后观看视频拓展
设计意图	用班级云盘分享课外多媒体资源，丰富学习资源，提升学生数学文化素养

板书设计

认识钟表

又细又长的分针

又粗又短的时针

文字表示法：9时

电子表示法：9:00

分针指向12，时针指向几，就是几时整

（三）案例评析

1．信息技术的主要应用

（1）在线测评网络平台反馈。课前学生进行预习，教师收集课前的学情数据，利用深度课堂为精准教学提供技术支持，实现交互式与可视化教学。课前发布任务，利用数据反馈准确把控学生的学习起点，课中利用实时数据反馈与分析能有效实现目标精准、问题精准与干预精准，从而提高课堂效率。

（2）数字资源供给。课本的知识是有限的，教师在学生学习数学的同时也应多关注学生是否了解该知识点的相关发展过程和相应的人文知识。本课研究的主题是“认识钟表”，学生认识了机械钟表和电子钟表，但对于钟表的产生过程并不了解，所以本课利用科普视频向学生展示了钟表的发展过程，如古时候人们使用日晷、沙漏、铜壶滴漏等工具计时。视频能生动地向学生讲述钟表的发展，同时学生也可以在观看视频的过程中进行一些思考。

（3）“问卷星”梯度转型题目。根据每位学生的作答情况进行题目跳转，让知识未掌握好的学生得到巩固，知识已掌握好的学生得到思维的提升，从而实现个性化分层辅导，充分关注每位学生的发展。

（4）“班级优化大师”评价。根据一年级学生特点设置“阅读能力”“聆听意识”等评价标准，课堂上通过激励评价促进学生培养学习习惯与数学素养，课后结合练习数据反馈再进行个性化辅导。

（5）飞屏与同屏功能。通过飞屏与同屏功能，加强学生个性化学习成果展示与研究，给予学生更大的表现平台，促进生生互动、师生互动，加强互动的深度与广度。

（6）交互式一体机的拖动功能。让学生思考钟面缺少的部分，并利用希沃白板的拖动功能让学生上台对钟面进行补充，在补充过程中，会有学生发现钟面数字之间间隔不等，对此进一步提问“为什么需要间隔相等”“如何能做到数字之间间隔相等”，再利用希沃白板将剩余刻度显示出来，让学生对钟面构成进行思考，同时也加深学生对“刻度”的认识

2．应用技术的关键事件

（1）利用课前学习任务的数据分析，发现了学生对钟表的整体结构有一定认识，知道钟面上有针与12个数字，但是学生对刻度和12个数字的位置认识不够深刻，有8.8%的学生画的钟面不完整。根据数据反映的学情，在教学重点处添加了“认识钟面”，在教学难点处添加了“认识刻度”。

（2）课堂上各位学生都能利用技术进行钟面补充与分类等数学活动，教师可利用屏幕监控，关注每位学生的学习过程，调动学生生成资源进行教学，实现以学生为中心、教师为引导的课堂教学。引导学生在“化错”的过程中主动建构知识框架。

（3）练习巩固环节，利用“小明的一天”练习题进行知识的巩固，监控每位学生对钟面与电子表示法的认识情况，了解到正确率为85.9%，整体掌握情况较好，对于仍然存在困惑的学生进行同桌帮扶等个性化辅导。

（续表）

2. 应用技术的关键事件
（4）在课后利用科普视频向学生展示了钟表的发展过程，如古时候人们使用日晷、沙漏、铜壶滴漏等工具计时。视频能生动地向学生讲述钟表的发展过程，同时学生也可以在观看视频的过程中进行一些思考
3. 技术应用于教学的创新点及效果思考
本节课的设计理念是基于智慧教学环境下小学数学教学模式的创新研究，通过希沃一体机、优课智慧课堂系统、“问卷星”和小学数学课堂进行教学。《义务教育数学课程标准》中明确指出，数学教学要关注数学活动的教学，它需要体现师生之间、生生之间的互动与共同发展。本课充分利用学生移动终端实现生生互动、师生互动、生与资源互动的交互式深度课堂教学，在实现学生知识可视化、思维可视化的过程中，培养学生自主探究、发现问题、分析问题、解决问题等能力。在保证信息化教学直观性与趣味性的同时，利用数据的实时反馈进行教学进度的调整，关注每位学生的情况，实现个性化、差异性教学
4. 对技术的教学适用性的思考及对教学改进的建议或意见
（1）在设计“问卷星”跳转型问题时，要考虑到如何能有效分层，分层后如何设计题目，让基础较差的学生对不懂的知识进行有效练习以及让基础较好的学生得到有效提高。 （2）利用优课智慧课堂系统进行钟表拨动时，如果能更灵活地拨动分针、时针，就能更灵活地开展教学

二、年、月、日

（一）教学情况分析

1. 基本信息			
课名	年、月、日		
学科（教材版本）	数学（2011人教版）	章节	第6单元　年、月、日
课时	第1课时	年级（学期）	三年级（下学期）
2. 教学目标			
（1）认识年历表，了解各月份天数的规律，了解闰年及平年的来历，能利用相关规律解决简单的实际生活问题。 （2）经历猜想规律、寻找规律、验证规律的学习过程，体会生活中的数学规律，提升逻辑推理能力。 （3）通过了解相关数学文化，感受中国传统文化的魅力。 （4）通过了解中国共产党成立100周年的相关知识，感受中国共产党的伟大，激发对党和国家的热爱之情			

（续表）

3．学习者分析
（1）知识能力起点。 逻辑起点：学生已在一年级认识了钟表、整时、半时；在二年级学习了时、分、秒相关知识及计算。对于生活中年、月、日的相关知识有一定了解，但缺乏科学的认识。对于较复杂的规律学习存在一定的难度。 实际起点：学生对于时、分、秒等时间的学习较扎实，对于时间的周期性有一定的感受。学生对年、月、日有较多的认识，并有部分学生能从科学的角度对年、月、日进行简单的解释。 （2）学习习惯与心理特点。 本班的学生活泼好动，好奇心强，对于生活中的数学有着一定的了解，愿意与同伴进行交流，对于数学的学习有较高的自我成就感
4．教学重难点分析及解决措施
教学重点：掌握各月份天数、大月、小月、特殊月；认识平年、闰年。 **教学难点**：对各月份天数及平年、闰年规律的寻找与验证；利用年、月、日知识解决实际问题。 **解决措施**：对于教学重点，可利用数字平台的资源，由数学平台提供大量数据与可视化学习材料，以支撑学生发现规律与理解规律。对于教学难点，首先通过课前预习学习单了解学情，同时挖掘学生资源。课堂中对学生生成的资源进行即时互评，在讨论、质疑等活动中，经历规律产生过程，成功突破教学难点

（二）教学过程

教学环节1：反馈前测，引出课题	
环节目标	确定学习起点，引出课题
教学内容	课前发布前测题给学生，课堂上查看学生完成情况及反馈数据，针对学情进行讲解，同时引出课题
学生活动	认真完成前测题
媒体作用及分析	收集学生资源
教学环节2：自主探索，认识年历	
环节目标	通过观察年历、课前归纳规律，培养学生的观察能力与提出问题、解决问题的能力

（续表）

<table>
<tr><th colspan="2">教学环节2：自主探索，认识年历</th></tr>
<tr><td>教学内容</td><td>

❶ 教师出示数字教材年历，与学生共同了解年历结构与特殊日子。

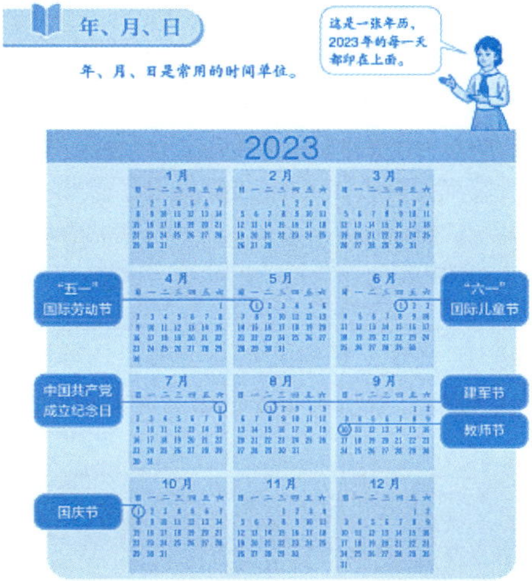

❷ 教师介绍7月1日是建党节，播放建党的相关视频。
提问：中国共产党100年来创造的辉煌来之不易，那你们知道100年一共有多少天吗？要解决这个问题，需要什么条件？
❸ 在数字教材平台出示多位学生的课前预习单，展示学生课前研究结果。数据收集结果显示学生的答案基本相同，但发现表达规律的方式有所不同。引发学生思考，引入下一个讨论环节

课前学习单

班级：＿＿＿＿＿＿　姓名：＿＿＿＿＿＿

【写一写】完成数学课本第77页的问题。

【查一查】请在表格中填入相应的天数。

	1月	2月	3月	4月	5月	6月	7月	8月	9月	10月	11月	12月
2009												
2010												
2011												
2012												
2013												
2014												
2015												
2016												
2017												
2018												
2019												
2020												
2021												

【理一理】关于年、月、日，你知道了什么？你在以上的表中发现了什么？能用画图、表格或者其他数学方法把这些知识整理起来，争取让所有的同学一眼就能看明白吗？

【说一说】关于年、月、日，你还知道什么？

【问一问】关于年、月、日，你还有什么不明白的吗？

</td></tr>
</table>

（续表）

教学环节2：自主探索，认识年历	
学生活动	❶ 认真观察、思考后回答问题。 ❷ 找出特殊的日期，观看视频，了解7月1日是建党纪念日。 ❸ 在课前完成预习单，在课堂上观察同学的作品，并进行评价
媒体作用及分析	❶ 通过数字教材丰富的资源与交互功能，“活”化教材中的特殊日子，增强日历的直观性，帮助学生更好地理解与掌握日历的结构。 ❷ 嵌入式视频资源的播放，既提升了教学效率，又提高了学生的学习兴趣，为学生创设了真实的学习与问题情境
教学环节3：个性化问题解决，发现规律	
环节目标	通过探索年、月、日的关系及规律，培养学生的抽象概括能力与推理能力，同时让学生感受生活中存在的数学规律
教学内容	❶ 探索年、月、日的关系。 （1）请学生利用课前预习单，在小组内研究每月天数的规律。 （2）请学生汇报小组研究成果，同时展示多位学生的作品，组织其他学生对作品展示的规律及表达进行评价和补充。 （3）组织学生通过观察、讨论、分析，总结出大月、小月、特殊月的规律，教师进行板书。 ❷ 探索2月及平年、闰年的规律。 展示数字教材内容及预习单，探索与总结出特殊月——2月的天数规律，以及平年、闰年的规律 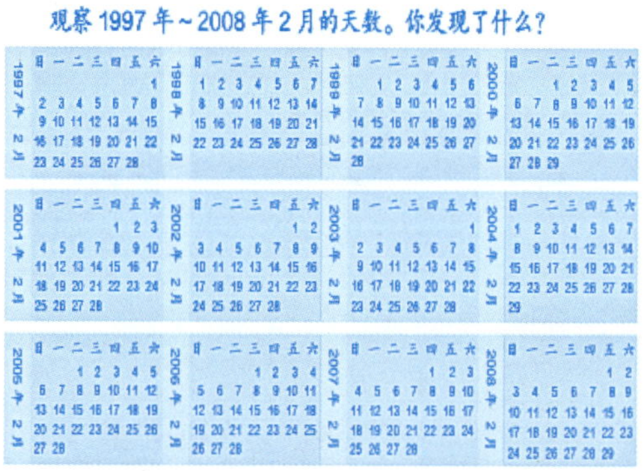
学生活动	❶ 在小组内先讨论课前研究结果，然后进行汇报，并评价同学作品。 ❷ 与教师共同总结规律。 ❸ 仔细观察数字教材，与教师一起发现规律，进行质疑

（续表）

教学环节3：个性化问题解决，发现规律	
媒体作用及分析	通过交互式一体机的飞屏功能，能将学生作品及时展示在教师端，并能同时对多份作品进行比较，支持学生进行互评，帮助学生自主建构知识框架，提升学生的元智能，同时帮助学生真正经历发现规律、验证规律的过程，并在“大数据”的支持下验证相关规律
教学环节4：应用规律，拓展提升	
环节目标	❶ 通过对1年和100年的天数的计算，经历算法多样化与优化的过程。 ❷ 通过了解党的历史，激发学生爱党爱国的热情
教学内容	❶ 探索1年的天数。 （1）请学生自主计算每年的天数，对算法多样化进行展示和点评。 （2）教师收集学生作品，引导学生体会算法多样化及优化等，得出1年的天数。 ❷ 探索100年的天数。 （1）提问：要计算100年的天数，要知道什么？ （2）学生思考后，与教师共同完成计算。 ❸ 播放与中国共产党成立100周年相关的主要历史事件视频，向学生介绍党的历史
学生活动	❶ 用自己的方法进行计算，并与同学的计算过程进行比较，思考最优算法。 ❷ 认真思考、倾听。 ❸ 认真观看视频，说出自己的感受
媒体作用及分析	❶ 数字教材平台展示学生实时作品，及时收集与展示学生资源，实现“以学定教”。 ❷ 数字教材中的丰富资源为学生创设更加立体与生动的学习情境，帮助学生更好地融入课堂，感受党的伟大，了解党的光辉历史
教学环节5：课堂小结，布置作业	
环节目标	❶ 通过小结与归纳，让学生形成时间单位的知识结构。 ❷ 通过在课后开展线上按需学习，培养学生的信息素养，开阔视野
教学内容	❶ 总结本节课内容。 ❷ 总结时间计量单位：年、月、日、时、分、秒，形成知识结构。对于学生对年、月、日仍存在的疑问，提供数字教材资源及教师补充资源，供学生课后了解

（续表）

教学环节5：课堂小结，布置作业	
学生活动	❶ 认真思考、总结。 ❷ 与教师共同总结前后学习过的知识。 ❸ 课后按需进行线上学习
媒体作用及分析	运用数字教材中的丰富资源，拓展学生学习时空，促进学生的线下自学，开阔学生视野

（三）案例评析

1．信息技术的主要应用
（1）引入视频资源。在课件中插入党史的相关视频介绍，以及各大节日的视频介绍，创设丰富情境，加强学生对特殊日期的真实感受。 （2）交互式一体机的交互功能。使用交互式一体机的多图片同屏呈现功能，能在同一页面中同时呈现多个作品，更加方便学生进行观察、比较，触发学生思考。 （3）数字资源供给。利用网站和平台自带的教学资源，选择与教学内容强相关的资源推送给学生，供学生自主选择学习，丰富学生的课后作业内容与形式。 （4）线上评测反馈：课前通过网络平台发布测试题，由学生在课前完成，利于教师提前了解学情，发现教学的难点，从而成功突破教学难点，达成教学目标
2．应用技术的关键事件
（1）通过数字教材的丰富资源和即时交互功能，学生说出日历中的特殊日期，与数字教材进行交互，能将抽象的日历中的数字变成鲜活的视频、图片，打开学生认知“双通道”，激发学生学习兴趣与对日历的丰富感受。 （2）在探索100年有多少天的问题时，学生先探索了1年有多少天。这个问题的解决方法有很多种，也呈现出不同的层次。教师将这些层次同时呈现，让学生进行观察、比较和思考，从而得出最优、最简洁的解法。 （3）数字教材为学生提供多种可直接应用的教学资源，学生直接用账号登录系统即可获取，不需要借助任何其他的程序，方便快捷的应用方式更有利于学生使用和开展自主学习，同时减轻家长负担

（续表）

3. 技术应用于教学的创新点及效果思考
（1）寻找年、月、日之间的关系，特别是发现每个月天数之间的关系，是本节课的第一个难点，也是学生必须经历的探究过程。本节课通过平台提前上传大量年历，为学生通过“大数据”进行探究提供了丰富的学习资源与素材。大量的素材为学生的概括归纳能力发展提供了空间，令学生真切感受到只有用大量数据才能发现规律，以及发现规律的方法是一致的和可迁移的。 （2）本节课的第二个难点是需要计算出1年的天数，需要用到生活经验。计算1年的天数可以将每个月的天数相加，也可以将相同天数的月份天数加起来，还可以取平均数再调整，多种计算方法展示出学生的不同思维水平。如果不用技术，学生很难同时较细致地比较各种解法，更难展开独立的反思与判断。本节课应用网络平台的展示功能，通过教师对学生的作品进行延迟评价，让学生有更大空间进行评价与反思，更有利于学生的元智能发展
4. 对技术的教学适用性的思考及对教学改进的建议或意见
数字教材的表现形式非常丰富，也有一定的交互性，如果能进一步简化交互过程，提升交互感受，就能进一步提升课堂效益

三、测量

（一）教学情况分析

1. 基本信息			
课名	“测量”单元复习		
学科（教材版本）	数学（2011人教版）	章节	第3单元　测量
课时	第6课时	年级（学期）	三年级（上学期）
2. 教材分析			
本单元内容包括长度单位千米、分米和毫米，质量单位吨，是在二年级认识长度单位米和厘米，质量单位千克和克，以及时间单位时和分的基础上发展而来的。本节课要对本单元的知识及学习方法进行总结和归纳，促进学生对测量本质的感悟，为后续学习对面积、体积等的测量打下基础			
3. 学习者分析			
（1）学生已学习了长度单位毫米、厘米、分米、米、千米，质量单位克、千克、吨，以及时间单位时、分、秒，对基本测量标准有一定的表象认识，并认识到同类测量标准之间的进率。			

（续表）

3．学习者分析
（2）学生经历过简单的测量活动与估量活动，对测量方法有了初步的认识，具有一定的测量与估量活动经验。 （3）通过前测，发现学生对于长度单位之间的换算仍不太熟练。 （4）三年级的学生仍处于形象思维占主体地位的阶段，不过经过一、二年级的学习，已经具有一定的抽象能力，对于测量的本质有所感悟。任教班的学生思维活跃，爱提问、爱思考，小组合作习惯较好
4．学习目标
（1）学生通过学习活动进一步理解测量的意义和建立相应的观念。对1千米、1分米、1毫米及1分、1秒分别有多长，1吨有多重等的表象认识得到进一步强化。能依据获得的一些直接和间接的体验举出相应的例子，并养成自觉对常用物品进行估测的意识。 （2）在学习活动中进一步积累测量和估量的数学活动经验，感受测量操作的本质：确定标准—可加性—运动不变性。 （3）在对知识进行归纳总结的过程中，感悟测量的数学本质——对事物某一物理特征赋以一个有量纲的数，即用数量表示事物的过程
5．教学重难点分析及解决措施
教学重点：进一步理解量的意义和形成观念；熟练掌握同类量之间的单位换算。 **教学难点**：沟通不同量的测量活动之间的关系，感悟测量的本质。 **解决措施**：通过解决实际问题，激发学生学习兴趣，让学生在解决问题的过程中自觉地进行测量与估测，并进行单位的换算。再通过思维导图的构建，感悟测量的活动流程及测量的本质

（二）教学过程

教学环节1：自主探索	
环节目标	复习长度单位、质量标准单位及换算。培养学生的批判性思维。体会相同量用不同标准，表示的数就不同，及其中蕴含的反函数思想
教学内容	教师请学生阅读一段文字，并请学生改正其中认为错误的地方。文字如下： 大家好！我叫小明，今年九岁！我身高140分米，体重25克。我家离学校很近，只有50千米，每天我都走路上学。我的教室很大，门高15分米，黑板高1分米，我比黑板可高多了！我最喜欢的运动是跑步。学校运动场一圈是400米。我今天跑了两圈，再跑一圈就刚好1千米了

（续表）

教学环节1：自主探索	
学生活动	❶ 认真阅读文字，改正其中单位选择的错误。 ❷ 认真聆听，积极思考，大胆质疑
媒体作用及分析	通过教师端展示学生的答案，保证反馈的及时性
教学环节2：个性化问题解决	
环节目标	❶ 检测学生的课堂学习成果。 ❷ 让学生体会测量在生活中的应用
教学内容	❶ 教师出示分层题组，学生在平板上完成。 ［A组］ （1）7分米=________厘米，30毫米=________厘米。（　　） A.70，30　　B. 7，30　　C.7，3　　D. 70，3 （2）自行车每分钟行驶300（　　）。 A.千米　　B.米　　C.分米　　D.厘米 ［B组］ （1）比大小。（　　） 8厘米（　　）1分米，4吨（　　）400千克，700毫米（　　）7米 A. >，>，>　　B. <，<，< C. <，>，<　　D. <，>，= （2）一袋大米重10千克，（　　）袋这样的大米重1吨。 A. 10　　B. 100　　C. 1000 （3）把一根2米长的绳子对折2次后，每小段长（　　）。 A. 1米　　B. 1分米　　C. 5分米　　D. 4分米 ❷ 教师根据学生完成情况，进行讲评。 ❸ 教师出示思考题，请学生判断投票。题目如下： 一座桥限重12吨，两辆自重2吨的卡车过桥，一辆载着5000千克的货物，另一辆载着4吨的货物。这两辆车能否一起过桥
学生活动	❶ 认真完成题目。 ❷ 认真观察，仔细聆听。 ❸ 认真思考及计算，完成判断投票

（续表）

教学环节2：个性化问题解决	
媒体作用及分析	❶ 网络平台自动收集学生错题汇总到云端错题集，并即时统计数据呈现在教师端，供教师教学参考。 ❷ 通过投票的形式进行学习，增强学习兴趣，提高学习参与率
教学环节3：拓展提升	
环节目标	❶ 形成知识网络。 ❷ 知识延伸，让学生对测量本质有所感悟
教学内容	❶ 教师请学生在平板上完成测量单位的思维导图，并显示学生板书。 ❷ 出示几种测量情形，教师引导学生观察对比，发现无论是长度、时间的测量还是重量的测量，其实质都是求具体事物所含有的标准量的数量。数学中的测量其实就是在定下一个标准后，再用数字去表示这个事物的某个特征。这就是数学的作用，世界万物都可以用数来表示。以后我们还会学习到度量时间的年、月、日，还有度量面积、体积等，都是同样的道理。 ❸ 布置作业：数学日记
学生活动	❶ 在平板上完成思维导图。 ❷ 认真观察同学的板书，投票选出最好的。 ❸ 认真聆听教师总结
媒体作用及分析	❶ 学生通过个人移动终端进行作答并在教师端显示，这样能达到最大程度的展示，学生之间的交流也更加广泛。 ❷ 在同屏的状态下进行操作，不但使题目动态化，而且能将每个学生的思维过程进行展现。 ❸ 通过多媒体手段，学生能更直观地感受到含有几个标准量的测量实质
板书设计	
“测量”单元复习 长度单位：毫米—厘米—分米—米—千米 质量单位：克—千克—吨 时间单位：秒—分—时—日—月—年	只要确定了标准， 就能用数表达万物！

（三）案例评析

1．信息技术的主要应用

（1）线上测评，即时反馈。学生在平台上完成线上测评的内容，平台即时反馈学生课前学习情况，方便教师“以学定教”，精准掌握学情。

（2）平台投票。通过平台的投票功能，对判断题的结果进行即时收集、反馈，现场可显示数据生成的过程，最终显示投票的结果，而且整个过程不可逆，保证了学生作答的真实性。

（3）交互式一体机的拖拽等功能。通过对质量、长度、时间等测量工具中重点元素的灵活拖拽和移动，让学生感受测量工具的相同点，从中培养学生的量感

2．应用技术的关键事件

（1）课前在网络平台上出示一段含有数量和单位的句子，让学生进行判断和修改。这为学生提供了充分的空间进行课前学习，让学生能充分利用时间思考，从而真实地反映学情。

（2）在基础练习的环节，将分层作业推送到每位学生的移动终端，学生在自己的平板上完成练习，同时马上得到正误的反馈。这一技术的应用不但提升了课堂的效率，而且使得每一位学生都在自主学习中获得有助于成长的感受和体验。

（3）在总结归纳环节，教师将多种测量的工具同时呈现在教师屏，让学生进行观察、比较，并利用交互式一体机的放大镜等功能对刻度等核心组成元素进行放大，起到强调的作用

3．技术应用于教学的创新点及效果思考

本节课是以小学阶段直接测量的知识展开的一节小结课，在本单元之后，学生将进入间接测量的学习。同时，本课也为四年级学习量角器打下知识与方法的基础。学生通过本节课的学习，能够感悟测量工具中蕴含的人类智慧，以及不同工具中的共同点，从而促进自身量感的发展。在传统的课堂上，教师专注于让学生开展大量的书面练习，却缺少让学生经历自主提取知识经验的过程。本节课通过课前测评，让学生在课前通过平台进行与测量单位相关的判断和纠错，激发学生主动思考、自觉调动学习经验和知识储备进行学习的兴趣。同时，及时地反馈又给予学生自我反思与纠偏的机会，为课堂上的学习打下了基础，使得学生在课堂上能有更多的时间进行更深层次的思考

4．对技术的教学适用性的思考及对教学改进的建议或意见

如果技术能支持学生在平板上直接使用测量工具进行模拟测量，将给学生留下更深的印象

四、节约用水

（一）教学设计

1. 教学目标

培养科学精神，加强学生的环保意识和运用跨学科知识解决问题的能力。

（1）工程、技术维度。通过观察、收集、整理数据，使学生经历综合运用所学知识、技能和方法的过程。

（2）科学维度。使学生利用测量、计算等策略，通过计算、统计推算，了解和认识日常生活中水资源浪费的情况，用数据说明节约用水的重要性。

（3）数学维度。引导学生设计科学的节约用水方案，增强学生环保意识，让学生自觉采用可持续发展的生活方式。

（4）培养学生的动手能力、合作意识、创新精神。

2. 学情分析

本课教学对象是小学六年级的学生。在活动中，学生需要综合运用量的计算、统计等知识，同时灵活运用调查、实验、测量、计算、绘图等方法，并结合现实生活、自然世界、社会科学等方面的经验。六年级学生探究欲望强、参与度高，乐于动手实践，他们对贴近实际生活的教育课非常感兴趣，有积极的学习态度，能够认真对待此次课程。

3. 材料、工具

实验材料：漏水水龙头、厕所冲水箱、有关浪费水及节约用水的音像资料。

实验工具：量杯、计算机。

4. 教学准备

（1）收集所在地区的水资源状况。

（2）调查周围是否有浪费水的现象。如果有浪费水的现象，测量1分钟漏水的水量，记录体积，并与同学分享。

（3）调查当地的水费是如何收取的。

（4）利用身边的资源，查找有关节约用水的资料，设计节约用水的方案。

（二）教学过程

1. 节约用水的介绍（为什么要节约用水）

教师将收集到的信息进行展示：在网上找相关新闻视频播放给学生看（如湖南省长沙市完成首宗雨水使用权招标交易的新闻），通过这些信息帮助学生了解我国水资源匮乏的现状，让学生认识到节约用水的重要意义。

学生收集相关信息：（1）观察生活中浪费水的现象（如水龙头漏水、管道漏水、厕所冲水箱开关没弹起来、水龙头开得过大、没有重复利用水等），实际调查一下学校或家里水龙头的数量。（2）找出漏水水龙头，测量出它一定时间内漏水的量。（3）通过多种途径收集节约用水的资料。

2. 节约用水的调查汇报

（1）小组合作，汇报分析数据（以文字加照片的形式在文档中记录数据，汇报时发送到班级QQ群）。

汇报小组1：用量杯收集一个漏水水龙头一分钟的漏水量，分析计算出平均每分钟的漏水量，从而计算出一天、一个月乃至一年的漏水量。

汇报小组2：学校有不同的水龙头漏水，对不同水龙头的漏水速度进行比较，通过小组讨论得出一个水龙头的漏水速度不能代表漏水的一般水平，用平均数来表示漏水的一般水平比较合适。按这个比率计算，全国大约有30万所学校用自来水，计算这么多学校全年大约要浪费多少吨水，同时算出这些水要支付多少水费。

汇报小组3：计算厕所冲水箱开关没弹起来导致的漏水量。

（2）教师把汇报的数据通过计算机进行数据统计，通过计算与统计推理，让学生从量化的角度认识、明确节约用水的重要性，同时对学生进行德育教育。

3. 设计校内节约用水方案

学生提出方案，用行动落实节约用水。学生分7组，每组有一台手提电脑。学生汇报时用提前组建的QQ群进行分享，7个组长进群，把本组搜索或写出来的方案上传到群里，教师将实时收到的信息上传至班级大群，并上传，在班上进行展示。

方案一：改用节水型水龙头，为水龙头装个起泡器（学生还要思考这些节水型水龙头的造价高低，可以考虑将其装在使用密集的地方，使用少的地点则可以不装）。水龙头起泡器（见图3-1）可以让流经的水和空气充分混合，让水流有发泡的效果，有了空气的加入，水的冲刷力得到提升，从而有效减少用水量，有助于节约用水。一般高档的水龙头，其水流如雾状柔缓舒适，还不会四处飞溅，这就是起泡器起到了作用。起泡器可以实现节水，安装了起泡器的水龙头，比没有安装该装置的水龙头要节水约50%。起泡器还有过滤、恒定水流/出水量、防溅、降噪等作用（来源：知乎）。

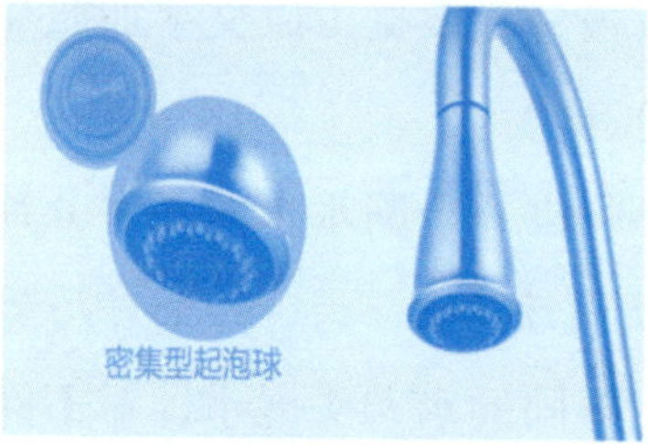

图3-1 水龙头起泡器示意图

方案二：加装红外感应自动出水装置。

方案三：利用多方面的媒体，加大节约用水的宣传力度，实行水费阶梯收费。

方案四：从污水处理厂建设方面入手，提高水的回用率。

方案五：依靠科学技术进步，研发节约用水新技术。

方案六：借助智能家居、智慧城市的建设，设计物联网水龙头，利用物联网技术对每个水龙头的用水量实时监测，如有用水异常则发出警告提示。通过网络把数据上传至云端，用手机App可实时查看数据，并遥控关闭漏水的水龙头。

4. 课堂总结

提出具体可行的节约用水方案，加强环保教育。这不仅让学生体会到数学、计算机、科学和互联网的融合在生活中的广泛应用，还可以将同学们提出的节水方案推广到日常生活的各个方面。

5. 评价

对自己的表现进行自评和互评。评价内容从积极参与、与同学之间的合作、遇见问题积极想办法、收集资料的完整性、课堂积极思考等几个方面进行。

课堂评价表：__________同学

（在对应项目上画★：我真棒3星、还可以2星、需努力1星）

评价类别	评价内容				
	积极参与	与同学之间的合作	遇见问题积极想办法	收集资料的完整性	课堂积极思考
自评	★★★	★★★	★★★	★★★	★★★
小组互评	★★★	★★★	★★★	★★★	★★★
老师评价	★★★	★★★	★★★	★★★	★★★

教师根据评价进行针对性指导。教师会基于学生的学习日志和海报墙上的内容，及时在课堂上对学生进行测评并给予反馈。

（三）案例评析

把数学活动从课内延伸到课外，从校内延伸到校外，让学生在活动中进一步合作探究、自主应用、拓展延伸。这样的活动不仅可以增强学生学习和应用数学的信心和兴趣，让学生领悟数学学习的价值，还可以强化学生的数学实践能力和分析解决问题的能力，提高学生的综合素养，增添学生的社会责任感，为学生的可持续发展奠定良好的基础。

教师不仅是教学计划的参与制定者，更是执行者，在教学上实现了低起点、高落点，做到了目标引领、任务驱动、操作跟进。学生主动参与、积极投入，尤其敢于质疑，以行动贯穿于学习的全过程，在过程中运用所学知识解决问题，实验探究热情高。

本节课让学生充分在网络上收集数据，并利用各类信息软件进行数据分析和设计，拓宽了学生的视野。在讨论的环节，学生利用QQ群，迅速收集同组成员意见，并进行小组内合作，这样的学习方式让学生真实感觉到现实生活中基于网络的合作与交流，能够培养学生解决问题的能力和信息素养。

课程设计充分关注知识的内涵和外延，设计的问题彰显弹性和张力，实施STEAM教育，促进了各种知识的融合，让学生在学中做、做中学，最后达到了教学目标，使每位学生都有收获。

五、党史学习神器

（一）教学设计

1. 基本信息

课程名称：“党史学习神器”——电子月历制作。

适用年级：小学三年级。

2. 设计理念

（1）学校新课程改革呼唤基于课程标准的本土化STEAM课程。

在不确定的未来，人类要应对更严峻的挑战，解决更多不确定的问题。在面向未来的教育中，需要培养学生以综合视角来解决真实世界问题的能力，这是时代赋予教育的责任。STEAM课程作为综合性课程的一类，强调打破学科界限，实现学科之间的有机融合，这有利于培养学生的综合能力，特别是创新能力。所以实施STEAM课程是培养未来人才的重要途径之一。在我国，STEAM教育正在蓬勃成长，特别是在北京、上海、深圳等教改前沿，本土化STEAM课程的研究日益深入。本校所在区域积极推进普惠性的创客教育与STEAM课程建设，为STEAM课程的设计与实施提供了资源与平台的支撑。但由于STEAM课程内容的综合性、实施的灵活性、评价的多元性，如果完全脱离国家课程，将给教师与学生都带来一定的负担，并且在有限的学校教学时间内也很难有效实施。基于国家课程标准的STEAM课程，能在保障课程实施、落实国家课程标准的同时，达到促进学生综合能力发展的目标，实现教育的减负增效，这是学校新课程改革的重要路径之一。

（2）数学学科教育改革需要落实“综合与实践”领域教学。

数学学科作为自然学科中的基础学科，由于长期以来非常强调“双基”教育，因此学生的数学知识与技能非常扎实，但数学素养（包括逻辑推理、数学建模、数据分析等）却相对较薄弱。其实在十多年前，2011年版《义务教育数学课程标准》中就已经制定并完善了“综合与实践”模块：通过单元主题式活动将数学知识以及其他相关知识有效进行综合运用。数学综合与实践活动是增强学生综合应用知识解决问题的能力、培养学生初步的创新精神和科学态度、培养数学素养的重要教学领域。但由于此领域的教学模块在教材中占比较小，使得教师对此内容不重视，同时此领域的教学综合性较强，教师缺乏更多的教学参考辅助开展教学，与实际生活的联系“窄化”，使得活动变成了一个“空壳”。STEAM课程中真实生活问题的情境以及多学科的参与融合，正好为数学“综合与实践”这一模块的教学提供了新的思路，有助于学生学科核心素养的培养，在一定程度上从课程的角度回应了数学学科教育改革的需求。

（3）在STEAM课程实施中需要落实“立德树人”的教育目标。

思政教育是学校教育的核心内容，对学生实施思政教育的重要载体就是课程，其中也应包括STEAM课程等综合性课程。由于STEAM教育最早是由西方国家提出的，因此我们可以借鉴其理念与部分内容，尤其在课程设计时，还需要思考思政教育，特别是爱国主义教育的要求。在STEAM课程的内容设计与实施过程中，强调“为什么而创造”“为谁解决问题”等问题，保障课程实施的思想性与对学生价值观的教育。

（4）相关理论基础。

多元智力理论。多元智力理论是由美国心理学家霍华德·加德纳（Howard Gardner）提出的。该理论认为人具有八种智力：言语—语言智力、逻辑—数理智力、音乐—节奏智力、视觉—空间智力、身体—动觉智力、自知—自省智力、自然观察智力、人际沟通智力。此理论强调儿童的个体差异性和智力多元化，在教育中注重个人的公平性，注重激发学生潜在特质，其提出意图和STEAM课程的内容设计非常契合。

建构主义理论。建构主义的学习就是在一定的情境下，借助其他人的帮助来进行意义建构。学习者通过新旧知识经验之间反复地、双向地相互作用，来形成和调整自己的经验结构。其对于学习的认识与STEAM课程的理念有一致性。

“做中学”理论。美国教育家杜威提倡“在做中学”的教育方式，强调以儿童为中心，在活动中教学。其包含的五个教学过程与STEAM课程的实施过程有一定的相似性。

3. 课程目标

整体目标	学生通过系列实践活动，完成“党史学习神器”的项目，感受知识对生活的重要作用，体会综合应用知识解决问题的实际需要，激发学生热爱党、热爱祖国的情感，提升学生的综合素养与解决问题的能力，以及抗挫折能力		
领域目标	知识与技能	过程与方法	情感态度与价值观
S（科学）	了解平年与闰年产生的原因	通过各种途径开展资料的收集与整理，体验科学研究中资料整理的方法	体验科学探索的艰巨性与科学技术的发展性
T（技术）	了解相关App的用途，会使用其制作相关作品	通过自学相关软件，总结出自学App的常用方法与途径	感受技术的便捷性与智能化，培养信息素养
E（工程）	能够根据需求进行设计方案的优化	通过项目的设计与实施，提升小组合作能力、工程设计能力和创造能力	通过对项目的设计与实施，激发创新精神，培养实践能力
A（艺术）	了解不同设计方案的配色等美化手段	通过不同背景方案的调整，感悟项目主题与艺术设计之间的关联	提高对色彩的感受力，感受艺术在项目中的作用

（续表）

M（数学）	了解年、月、日的关系以及平年和闰年的规律，会计算规定时间段的天数等	会应用年、月、日的关系解决与实际相关的问题，提升解决问题的能力和应用能力	感受数学与生活的联系，提升逻辑推理能力与抽象概括能力
道德与法治	了解建党以来的重要节点日期及事件	通过在网络或文献中对党史相关资料进行搜索、检索，培养收集信息、处理信息的能力	通过了解党史，感受幸福生活的来之不易，激发学生的爱国、爱党之情，以及为人民的幸福生活勤奋学习的动力

4. 课程内容

“党史学习神器”课程，是我校自主开发的基于课程标准的系列STEAM课程之一。以2021年7月1日，中国共产党成立100周年为现实背景，以“党史学习月历”这一项目为出发点和落脚点，以人教版小学三年级数学教材“年、月、日”教学内容为基础，基于课程标准，整合道德与法治、数学、信息技术、科学、美术等学科知识，渗透思政教育，以项目式学习为主要学习途径与方式，从项目开始到最终形成作品，由包含不同子任务的各环节构成（见图3-2）。激发学生的爱国、爱党之情，有效促进学生关键能力与核心素养培养。

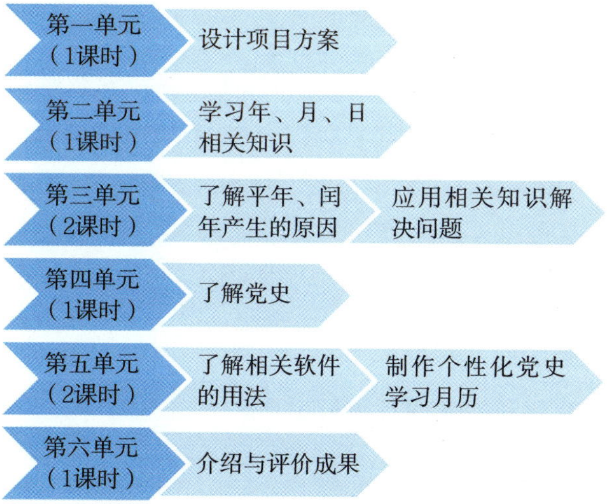

图3-2 “党史学习神器”课程内容

5. 学习者分析

（1）起点能力。在数学方面，学生已认识时、分、秒这三个时间单位的单位时间的长与短，以及三者之间的进率。会用12小时计时法记录时刻和计算经过时间，解决简单的实际问题。在科学方面，学生对于时间的周期性有初步的感受。在美术方面，学生已经具备一定的艺术鉴赏能力与表达能力。在信息技术方面，学生已经有使用App在智能终端开展活动的经验。

（2）学习风格。三年级学生的思维发展仍处于具体运算阶段，抽象与推理能力较弱，可培养不完全归纳推理能力，这也正是培养学生创造性的重要途径。学生从一年级开始接触电子书包、白板等智能设备，能利用智能设备开展信息搜索、互动交流、反馈评价等学习活动，并有一定的信息安全意识。学生对于同伴合作学习的需求很强烈，需要在小组讨论、分享交流中进行学习，同时发展语言沟通能力、思辨能力以及协作能力。

（3）学习动机。三年级的学生对各学科的学习兴趣较浓厚，特别是对与生活相关的知识比较感兴趣。本单元中的知识有很多是学生生活中每天自然接触并且有一定认知经验的，所以每位学生都有学习的基础与发展的机会。三年级学生对于他评的关注度高于自评，学生对于他人，特别是对于教师的评价非常在意，能以此作为自己的学习动机。

6. 课程实施策略

本课程主要采用的实施策略为项目式学习，以及教师引导下的探究性学习。整个课程是一个制作月历的项目，在其中的单元学习中，学生还要在教师的引导下开展探究活动，经历发现、猜想、验证、应用的过程。

7. 主要课程资源

（1）三年级义务教育数学教科书（2011人教版）。

（2）学习强国网站和App。

（3）智能手机备忘录或日历App。

（4）粤教翔云数字教材。

8. 课程评价

本课程采取过程与结果相结合的评价方法，评价主体包括教师、学生以及家长。在过程性评价中，每个单元均有评价内容，对学生的知识与技能、学习态度、合作性、协调性、创造性等进行评价。在项目的结果性评价中，主要针对项目成果的完整性、科学性、艺术性等进行评价。评价方式为评价量表、访谈等。

（1）每单元评价内容。

单元	评价内容	评价主体	评价方式	评价指标 （达到一个指标即有一颗星）
第一单元	方案设计	学生自身、同伴、教师	课堂观察、访谈反馈	☆明确项目的目标 ☆知道基本项目实施步骤 ☆能设计出每个步骤的内容及需要的支持
第二单元	学习数学相关知识	学生自身	自我反思（练习与检测）	☆能根据规律说出每月的天数 ☆能通过观察发现每月天数和平年、闰年是有规律的，同时能总结出以上规律，并用自己的方式表达出来 ☆知道平年、闰年的规律 ☆会计算一年的天数
		同伴	互批互改（练习与检测）	
		教师	课堂观察、检测反馈	
第三单元	学习相关科学知识，解决简单问题	粤教翔云数字教材平台线上检测	智能反馈	☆能向同伴解释平年、闰年产生的规律 ☆会根据规律计算跨年、跨月的间隔时间
		教师、同伴	检测反馈	
第四单元	了解党史中的重大事件	教师、同伴	课堂观察、随堂反馈	☆能向同伴讲述1～2个重要事件发生的时间、地点和具体事件 ☆感受到幸福生活的来之不易和党的伟大
第五单元	学习软件用法及制作电子月历	教师、同伴、家长	课堂观察、长作业	☆会自学相关软件的使用方法 ☆能选择相应的软件，制作出能帮助大家学习党史的个性化年历表或电子备忘录

（续表）

单元	评价内容	评价主体	评价方式	评价指标 （达到一个指标即有一颗星）
第六单元	介绍与宣讲小组作品及项目经过	学生自身、同伴、教师	评价量表、访谈	☆倾听时很专心 ☆不打断同学发言 ☆能用语言表达自己的想法 ☆作品具有创新性、艺术性

（2）结果性评价量表。

表3-1　学生个人评价量表

项目	会合作	会倾听	会表达自己的想法	不怕困难	总评
等级					
备注：等级按从高到低，分为A、B、C、D四个等级评价，前四项有三项或三项以上为A，总评即为A，依次类推					

表3-2　项目作品评价量表

项目	成果实用性	成果创新性	成果艺术性	成果科学性	总评
等级					
备注：等级按从高到低，分为A、B、C、D四个等级评价，前四项有三项或三项以上为A，总评即为A，依次类推					

表3-3　小组表现评价量表

项目	成员合作	成员交流	分享资源	分工科学	总评
等级					
备注：等级按从高到低，分为A、B、C、D四个等级评价，前四项有三项或三项以上为A，总评即为A，依次类推					

9. 课程大纲

单元	关键问题	学习任务	主要学习活动	关键课程资源	STEAM课程要素
第一单元	如何成为党史小达人	设计课题的项目实施计划	❶ 教师：按照文化传统，国家重大节日“逢五年小庆，逢十年大庆”，个人的重要纪念日有些是逢年庆祝，有些是逢百日/逢千日庆祝。2021年7月1日是建党百年纪念日，是非常重要的日子。为了帮助大家更好地学习党的历史，争做党史小达人，我们一起学习制作党史学习电子月历（“党史学习神器”）。 ❷ 学生分小组讨论本项目实施的步骤及需要的资源，进行分工	学习强国App相关视频和图文	E：制定项目计划
第二单元	日历表里有什么秘密	探索年、月、日的规律	导入：纪念日与周期的年、月、日有着非常重要的关系。因为年、月、日等时间单位都是有特定规律的。这也是制作年历、月历等的依据。 ❶ 学生提前收集任意十年的年历，并在学习单上进行规律的猜想。（学习单见附件） ❷ 小组讨论发现的规律，进行汇报。 ❸ 在教师的引导下总结出年、月、日的规律	粤教翔云数字教材；教科书	M：探索数学规律与验证

（续表）

单元	关键问题	学习任务	主要学习活动	关键课程资源	STEAM课程要素
第三单元	一年有多少天	学习相关科学知识，解决简单问题	❶ 根据上节课发现的平年与闰年，继续探索其规律。 ❷ 同学间互相分享与平年和闰年相关的资料，了解其背后的科学原理。 ❸ 应用两单元的知识解决问题。 问题1：一年有多少天？ 问题2：100年有多少天	粤教翔云数字教材；科学学习网站（学生自查）	S：计时法 M：应用数学规律解决问题
第四单元	建党百年史中的重要事件有哪些	了解党史中的重大事件	❶ 学生课前收集建党以来发生的重大事件。 ❷ 教师在课堂上引导学生从不同角度总结党史中的标志性事件（例如著名战役、各大会议等），学生在课堂上进行汇报与分享。 ❸ 在教师的引导下体会幸福生活的来之不易和党的伟大	学习强国App	—
第五单元	如何制作党史学习用的电子月历	学习软件用法及制作电子月历	❶ 向同学介绍自己知道的手机或平板等智能终端中的日历、备忘录、清单等App。 ❷ 运用自己喜欢的软件制作党史学习电子月历，同时标注重要事件的相关信息	相关软件	T：软件学习及应用 A：让作品更加美观 E：小组合作
第六单元	如何让大家喜欢我们的作品	介绍与宣讲小组作品及项目经过	❶ 小组内推选一个最优秀的作品。 ❷ 以小组为单位向全班介绍本项目的实施过程及作品特点。 ❸ 进行评价	相关软件	E：小组合作

【附件】

课前学习单

班级：______________ 姓名：______________

【写一写】完成数学课本第77页的问题。

【查一查】请在表格中填入相应的天数。

	1月	2月	3月	4月	5月	6月	7月	8月	9月	10月	11月	12月
2009												
2010												
2011												
2012												
2013												
2014												
2015												
2016												
2017												
2018												
2019												
2020												
2021												

【理一理】关于年、月、日，你知道了什么？你在以上的表中发现了什么？能用画图、表格或者其他数学方法把这些知识整理起来，争取让所有的同学一眼就能看明白吗？

【说一说】关于年、月、日，你还知道什么？

【问一问】关于年、月、日，你还有什么不明白的吗？

（二）案例评析

（1）学生在有现实背景的真实项目引导下开展学习，与单学科实施同样内容教学相比，其学习兴趣与动力明显得到提升。

（2）经过测试发现，综合性系统的学习对学生学科知识（包括数学、科学、道德与法治等）的掌握与素养的提升有较大促进作用。

（3）学生的合作能力，特别是沟通能力得到增强，在每个单元汇报阶段成果时，学生表现出显著的进步。

（4）在设计课程时，不但要打破不同学科之间的界限，更重要的是要注重知识的内在逻辑和培养学生的应用意识，促进有意义的学习的发生和高阶思维的发展。同时要思考如何将学科知识转化为可解决实际问题的生活性知识，让学生除了理解知识内在的逻辑之外，还能建立知识与情境、知识与个体、知识与生活、知识与社会之间的联系，帮助学生对未来做好准备。

（5）由于本课程需要完成长作业，需要在课外使用电脑或手机等设备，但部分家庭环境及家长对于这方面作业的支持仍存在困难，因此，未来我们要加强家校之间的沟通与联系。